기녀 스캔들 메이커

조광국

도서출판 월인

머리말

기녀는 고급 예술을 담당하는 연예인이었다. 춤이나 노래 솜씨가 빼어난 기녀도 있었고 시와 그림에 능숙한 기녀도 있었으며 거문고를 잘 켜는 기녀도 있었다. 출중한 미모를 겸비한 기녀들도 많았다. 기녀들 중에는 명기(名妓)로 이름을 날린 이들도 적지 않다.

남남북녀(南男北女)라는 말이 있다. 우리나라에서 남자는 남쪽 지방 사람이 잘나고 여자는 북쪽 지방 사람이 곱다는 뜻이다. 조선 시대에는 충청, 전라, 경상 지역의 남자들이 과거에 급제하는 이들이 많았기에 '남남(南男)'이라 하고, 북쪽 지역은 국내외 사신들이 중국을 드나드는 통로여서 사신들과 교류하는 미모와 재능을 갖춘 기녀들이 많았던 까닭에 '북녀(北女)'라 일컬은 듯하다.

조선 사회는 신분제적, 가부장제적 사회였는지라, 태어날 때부터 천민이자 여성으로서 이중적 고통을 당하는 것이 기녀의 운명이었다. 천민 신분을 벗어나게 하는 임금의 명령이 없는 한, 기녀는 국가 소속의 노예로서 평생토록 서울이나 지방의 소속 관청을 벗어날 수 없었다. 그리고 기녀가 딸을 낳으면 그 딸은 아비의 신분에 관계없이 기녀가 되었다.

기녀가 천민 여성이라는 운명의 굴레를 벗어나는 길은 자신의 예능을 활용하는 것이었다. 그런 중에 명기로서 이름을 날리며 한평생 미련 없이 살고자 하는 이들이 있었고, 권세가에게 의지하여 권력을 행사한 이들도 있었다. 순수한 사랑을 하다가 이별의 고통을 당하는 이들도 있었으며, 아예 많은 재물을 얻어서 풍요롭게 사는 것을 생애의 목표로 삼는 이들도 있었다.

기녀는 스캔들 메이커(scandal maker)였다. 풍속적으로는 기녀가 남편을 둘 수 있었지만, 법적으로는 인정받지 못했다. 이는 기녀가 남성들과 염문을 뿌려도 별 문제가 없었다는 것을 의미한다. 그러기에 이름을 남긴 기녀들이 나올 수 있었다. 남성들은 기녀를 사이에 두고 소소한 싸움을 벌이기도 했으며 심하면 패가망신하는 경우도 있었다.

열 꼭지로 나누어 기녀들에게 숨겨진 이야기를 펼쳐보았다. 기녀 이야기를 펼쳐내는 중에 짬을 내서 풍류랑 이야기를 덧붙여보기도 했다. 조금씩은 알려지긴 했지만, 거기에 아직 밝혀지지 않은 사실이나 일화를 보탰다. 딱딱하지 않고 쉽게 읽히도록 이야기의 흐름을 따라 조선시대의 기녀 풍속들을 덧붙였다.

기녀들을 둘러싼 스캔들은 조선 사회의 또 다른 모습이다. 당시 조선 사회를 비추어 보는 거울이기도 하다. 그 거울에 오늘날 우리 모습을 비춰 볼 수도 있다는 생각도 든다. 물론 꼭 맞아 떨어지지는 않겠지만…….

감사드릴 분들이 많다. 먼저 은사이신 이상택 선생님께 감사드린다.

사랑하는 아내, 사위와 큰딸 그리고 둘째딸도 고마울 뿐이다. 그리고 도서출판 월인의 박성복 사장 그리고 최형필 상무를 비롯하여 편집자 최미영 씨께도 고마움을 표한다.

이 책에 등장하는 많은 사람들이 자신의 소중한 삶을 허비하고 말았다는 생각이 든다. 우리도 그렇지 않을까?

> 누구든지 그리스도 안에 있으면
> 새로운 피조물이라. 이전 것은 지나갔으니,
> 보라, 새 것이 되었도다.
> (고린도후서 5장 17절)

인류의 구주, 나의 구주이신 예수 그리스도께 감사를 드린다. 오늘도 예수님의 사랑과 은혜로 기쁠 따름이다.

2014년 4월 5일
조광국

차례

꽃 중의 꽃
해어화

기녀 스캔들 메이커

신윤복
〈청금상련(聽琴賞蓮)〉
간송미술관

<청금상련(聽琴賞蓮)>의 풍경

<청금상련>은 조선 후기의 유명한 화가 신윤복의 작품이다. '거문고 연주를 들으며 연꽃을 감상한다.'가 제목의 뜻이다. 그림 오른쪽에는 거문고를 뜯는 기녀가 있고 왼쪽 연못에는 연꽃이 불그스레하게 고개를 내밀고 있다.

그림을 좀 더 들여다보자. 지체 높은 양반 셋에다 기녀가 셋, 그 모습은 제 각각이다. 한쪽에는 거문고를 뜯는 기녀, 긴 담뱃대를 입에 물고 연주 소리에 젖어 있는 양반, 그리고 그 곁에서 전혀 어색하지 않게

맞담배질을 하고 있는 기녀. 조선 후기의 풍류가 잘 배어난다.

그림의 중앙에는 뒷짐을 진 채 서 있는 풍채 좋은 이가 우리의 시선을 끈다. 가야금 소리를 듣고 있는 듯, 연꽃을 감상하고 있는 듯. 그런데 정작 우리의 시선을 끄는 것은 그의 눈길이다.

그의 눈길을 따라가노라니, 그 끝자락에는 한 쌍의 남녀가 앉은 채 포개져 있다. 남성은 홍취에 젖어 기녀를 등 뒤로 싸안았는데, 그 품에 안겨 있는 기녀는 수줍은 듯 애교를 부리는 듯, 한손으로 얼굴을 만지작거린다.

그런데 잘 포착되지 않는 것이 있다. 제목의 뜻을 생각할 때 비로소 우리 눈에 들어온다. 바로 연못 안의 연꽃! 연잎 사이로 울긋불긋 아름다운 자태를 살그머니 내밀고 있다. 마치 무슨 이야기라도 하려는 듯하다.

왜 연꽃일까? 연꽃을 그려 넣은 신윤복의 어떤 의도가 담겨 있을 듯하다.

연꽃 그리고 해어화(解語花)

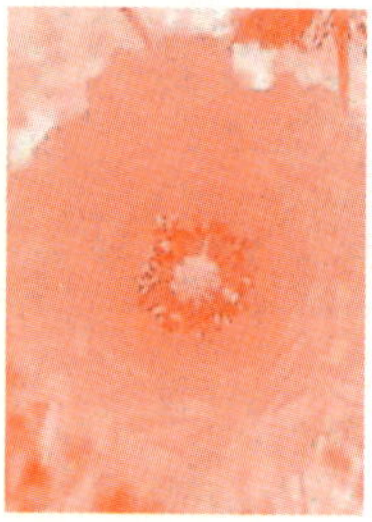

양귀비

시대를 거슬러 올라가, 바야흐로 시대는 중국 당나라 6대 황제 현종(685~762) 때.

현종은 양귀비를 특별히 사랑했다고 한다. 양귀비가 얼마나 아름다웠으면 꽃 이름 중에 그녀의 이름을 딴 '양귀비'가 있다.

현종이 하루는 양귀비와 함께 태액지(太液池)에 행차했다. 태액지는 당나라의 수도인 장안(長安)에 있는 연못이다. 아름답게 피어 있는 연꽃을 감상하기 위해서였다.

현종은 이렇게 말했다.

"여기 있는 연꽃도 해어화(解語花)보다는 아름답지 않구나."

'해어화'가 무슨 뜻인가? '말을 알아듣는 꽃'이자 '말을 할 줄 아는 꽃'이라는 말이다. 현종은 양귀비를 연꽃보다 아름다운 '해어화'라 불렀던 것이다. 양귀비가 현종의 총애를 받았던 것은 그녀가 빼어난 미모를 지니고 있어서였지만 그보다는 현종의 마음을 헤아리고 그의 비위를 척척 맞출 줄 알아서였다.

그로부터 세월이 흘러 중국이나 조선에서는 기녀를 '해어화'라 불렀다. 기녀들은 양반들의 시와 말을 알아듣고 흥을 돋는 말을 적절히 구사할 줄 알았기 때문이다.

양귀비(楊貴妃, 719~756): 서시, 왕소군, 초선과 더불어 중국 4대 미인 중 하나. 당 현종은 57세 때(740년)에 22세의 양옥환을 곁에 두기 위해 궁궐 안에 도교 사원 태진궁(太眞宮)을 짓고 그곳을 관리하는 여관(女冠)으로 양옥환을 임명했다. 745년에 62세의 당현종은 양옥환을 귀비로 임명했다. 그 양옥환이 바로 양귀비다.

내 말을 들어보오!

<청금상련>을 다시 보자.

양반들은 거문고 소리와 아름다운 연꽃을 배경으로 풍류를 즐기고 있다. 신윤복은 '말하는 꽃'이 양귀비에서 기녀로 옮기게 된 그간의 사정을 한 폭의 그림으로 담아냈다고나 할까?

양반들에게 거문고 선율이 듣기에도 좋았고 연꽃이 보기에도 좋았지만, '해어화'인 기녀가 더 좋았다. 그러고 보니, '청금상련'의 뜻은 '기녀가 뜯는 거문고 선율을 들으면서 기녀와 어우러지는 풍류를 즐긴다.'는 것이 더 적합할 듯하다.

신윤복은 조선 후기의 홍청거리는 양반 풍류를 담아내고 싶었으리라.

그런데 신윤복은 다음과 같은 점까지 염두에 두지 않았을까? 기녀는 더 이상 '양반의 말을 알아듣기만 하는 꽃'이 아니라, 기녀들이 스스로 '말을 하는 꽃'임을. 과연 '말하는 꽃'인 기녀들은 저마다 풀어 놓고 싶은 사연들이 있었을 듯하다. 요즘 말로 스캔들(scandal)이라고나 할까?

1 소양비

미소 짓는 수양버들,
다시 자라는 부추 머리

기녀 스캔들 메이커

머리카락이 잘리고

때는 바야흐로 세종30년(1448년).

서울에 기생 소양비(笑楊妃)가 있었다. '미소 짓는 수양버들'이란 뜻이다. 예로부터 길고 가느다란 버드나무 가지는 가냘프고 고운 여자의 손에 비유되어 왔다. 섬섬옥수(纖纖玉手)!

소양비는 사정(司正) 직위에 있던 민서라는 이가 사랑하는 기생이었다. 하루는 이조정랑 이영서(李永瑞)가 술에 취해 소양비의 집으로 찾아갔다.

이조정랑: 이조의 정5품 관직. 인사를 담당하는 관직이다.

민서는 소양비가 미인이었던지라 다른 남자들이 가까이하는 것을 염려했다. 그래서 아무도 모르게 여종을 시켜서 소양비 주변을 감시하게 했다.

여종은 달음질쳐서 민서에게 알렸다.

"이조정랑 이영서라는 자가 소양비를 찾아왔습니다. 둘 사이가 아무래도 수상쩍습니다."

"뭐라고? 이것들이."

민서는 이내 쌍심지가 올라갔다. 둘 사이에 정분이 났나? 민서는 즉시 동생 민발에게 그 소식을 알렸다. 민발은 벼슬이 사직 자리에 있었다.

그리고 민발(1419~1482)의 아들인 조카 민효원을 데리고 소양비의 집으로 돌입했다. 소양비는 화들짝 놀라 부엌으로 난 방문을 열고 내뺐다. 민서는 다짜고짜 이영서를 결박하더니 그의 머리카락을 싹뚝싹뚝 잘라냈다. 그리고 칼로 겨누며 말했다.

"너를 해치지는 않겠다. 지난날 네가 내게 베푼 은덕을 오늘 갚은 줄로 알라."

예전에 민서가 무과 시험을 치를 때에 이영서는 시험관이었다. 그때 이영서가 민서를 합격시켰는데 민서는 그것을 은덕이라 일컬었던 것이다.

그 대신에 이영서를 죽도록 두들겨 패더니, 옷을 벗긴 채 결박하여 형조(刑曹)로 끌고 갔다. 길을 가던 김민형이라는 관리가 그 광경을 보고 말에서 내려 간곡히 만류했다.

"여보시게, 민서. 이영서가 무슨 잘못을 크게 했는가 보이. 그렇지만 너무 참혹하게 보이네 그려. 일단 풀어주고 차근차근 일을 처리하는 것이 어떻겠는가?"

그러나 민서가 말 위에서 눈을 부라리며 욕질을 해댔다.

"네 놈이 뭘 안다고 끼어드는 게야?"

민서는 얼마나 화가 났던지 입에서 침이 튀기는지도 몰랐다. 수염이 꼿꼿하게 서는 듯하더니 이내 파르르 떨렸다. 김민형은 계면쩍어 살그머니 물러났다. 드디어 민서가 형조에 도달하여 이영서를 고발했다.

"이 자를 간통하는 현장에서 잡았습니다."

재판이 벌어지고

형조에서는 그 사건을 이상하게 처리했다. 이영서는 석방하고, 기생 소양비를 가두는 것으로 사건을 덮었던 것이다. 이영서가 조정 관료여서 함부로 가둘 수 없었기 때문이다.

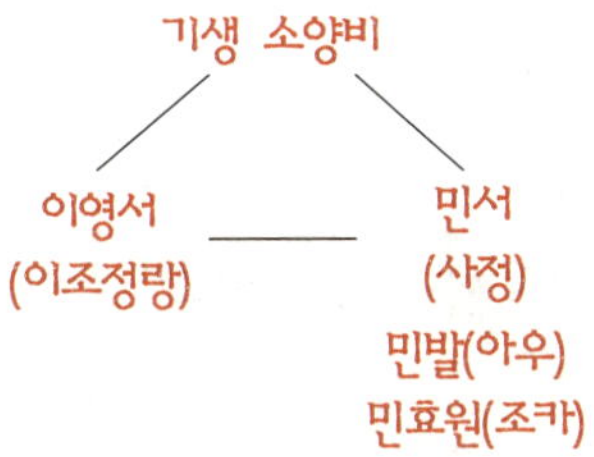

그때 이영서는 민서에게 너무 심하게 맞아서 몸을 제대로 가눌 수 없었던지라, 들것에 실려 집으로 돌아갔다.

이튿날 이영서는 방안에 드러누워 일어나지도 못했다. 온몸이 시퍼런 멍투성이고 통증이 너무 심했다. 통증도 통증이려니와 이영서는 분을 가라앉힐 수가 없었다. 이내 사건의 전말을 적어 형조에 올려 억울함을 풀어달라고 요청했다.

형조에서는 이 사건을 어전 회의에 올리지 않을 수 없었다.

세종이 얼굴을 찌푸리면서 승지에게 물었다.

"민서와 이영서 사건은 어찌 된 것인가? 자초지종을 말하라."

좌승지 조서안(趙瑞安)이 아뢰었다.

"신이 듣기에는 이영서가 술이 취하여 도중에 기생 소양비의 집으로 들어갔다고 합니다. 그런데 소양비는 민서의 기생첩이라고 합니다. 이에 민서가 구타한 것입니다. 그렇지만 이영서와 소양비가 간음하는 현장에서 잡힌 것은 아닙니다."

세종이 말했다.

"이영서가 민서의 첩과 간통했다면 진실로 죄가 있다. 그러나 이미 머리카락을 잘랐으면 됐지, 결박하고 구타한 것은 너무 심하지 않은가?"

신하들은 즉시 세종의 말을 받았다.

"이영서가 비록 민서의 첩과 간통했다 하더라도 함부로 구타하여 몸을 상하게 해서는 안 되는 일입니다. 더욱이 조정 관료는 비록 큰 죄가 있어도 절차를 밟아 관직을 빼앗은 뒤에야 가둘 수 있습니다. 이영서는 이조정랑인데, 민서가 법 절차를 밟지 않고 제 마음대로 때린 것은 잘못입니다. 이영서가 들것에 들려갔을 정도라 합니다. 마땅히 민서에게 큰 벌을 내리소서."

세종이 형조에 지시했다.

"민서와 민발 형제의 벼슬을 빼앗고 그의 조카 민효원도 구속하여 엄히 조사하라. 이영서가 만일 죽는다면 민서의 무리는 죄가 사형에 해당하니, 마땅히 사형수의 예로 감금하라."

애초에 이영서는 소란을 피우지 않고 조용히 처리하려고 안평대군에게 부탁했다. 평소 풍류랑으로 알려졌던 안평대군이 아니던가.

안평대군은 이영서의 뜻을 민서에게 전했다.

"이보시게. 그만 두시지. 이영서도 사건이 확대되지 않기를 원한다 하오."

그러나 민서는 막무가내였다. 이에 이영서는 당할 수만은 없어서 형조에 고장(告狀)을 냈던 것이다.

부추: 백합과의 여러해살이풀. 봄에 줄기에서 가늘고 긴 잎이 모여 남. 잎은 먹을 수 있음. 방언으로 '솔'이라 불림.

'부추'표 머리카락

일찍이 이영서는 세종16년(1434년)에 알성시(謁聖試) 을과 3위로 합격했다.

그는 집현전 학자가 되어 성균관을 드나들다가 성균관에 속해 있던 노비 막동의 처와 간통했다. 그때 처음으로 머리카락을 잘렸다.

머리카락을 자르는 것은 목숨을 내놓는 것과 같은 처분이었다. 신체와 머리카락과 피부는 부모로부터 받은 것이니 상하게 하지 않는 것이 효도의 시작이라고들 하지 않는가? 신체를 상하지 않게 하는 것, 이는 관료 이전에 선비로서 기본적으로 갖추어야 할 도리였다.

그로부터 15년 후, 이영서는 소양비 사건으로 머리카락이 또 잘린 것이다. 이때에 병조정랑 이현로가 이영서의 집에 이르러 위로했다.

알성시(謁聖試): 임금이 성균관 문묘(文廟)의 공자 신위에 참배한 후에 치른 과거. 일정한 때가 없이 실시되었던 비정규 문과 무과 시험.

> 자네의 머리털은 꼭 부추나물일세 그려.
>
> 부추나물은 베이면 다시 자라지 않는가?

'부추나물'이라니, 그의 말이 걸작이었다. 이영서는 쥐구멍에라도 들어가 숨고 싶은 심정이었다. 얼굴이 홍당무가 되고 말았다.

세종의 지극한 학자 사랑

이영서를 구타한 민서는 어떻게 되었을까?

민서는 이영서를 구타한 죄에 어미를 구타한 혐의가 더해져서 의금부(義禁府)에 하옥되었다. 의금부라면 중한 죄를 저지른 죄인을 신문하는 사법기관이다. 한번 들어가면 뼈가 으스러지지 않고서는 나오기가 어려운 곳이다. 그러나 민서는 자신이 불효를 저지른 적이 없다고 손사래를 치며 극구 부인했다.

의금부에서는 이 사건을 해를 넘기면서 다루었다. 그러던 중 세종31년(1449년) 5월에 군자판관(軍資判官) 조휘가 상소를 올렸다.

의금부에 갇혀 있는 민서는 완악한 자입니다. 그러나 그에게서 불효했다는 죄상을 발견하지 못했습니다.

그가 불효죄를 저질렀다는 것은 이영서를 구타한 것과 연루된 듯합니다. 민서가 이영서를 구타한 것을 두고 사림(士林)과 옥관(獄官)들이 민서를 미워하여 죽이려고 과장한 것으로 보입니다.

민서가 어미를 구타했다는 죄를 밝히기 위해서 국문(鞫問)을 여러 번이나 되풀이했습니다만, 일 년이 되도록 그 실정을 밝혀내지 못하고 있습니다.

민서의 어미도 날마다 길에서 울부짖으며 옥관에게 호소하기를, '내 자식이 불효를 저지르지 않았다' 하며, 매우 간절하게 변호합니다. 더구나 민서의 불효죄는 당사자인 어미가 직접 고소한 것도 아니고, 인정상 헤아려 보아도 용서할 만합니다.

민서에게 국문을 가하여 용서할 수 없는 죄를 얽는 것은 온당치 않습니다.

옥관(獄官): 형벌에 관한 일을 심리하던 벼슬아치.

국문(鞫問): 임금의 명령으로 의금부에서 형장(刑杖)을 가하여 중죄인(重罪人)을 신문하던 일.

이 상소문은 타당성이 있었지만, 민서는 용서받지 못했다. 세종이 집현전 학자들을 매우 아꼈으니, 그 정황을 짐작할 만하다.

그는 1백 대의 장형에 3천 리 밖으로의 유배에 처해져서 여연부(閭延

府) 지방의 군사로 편입되고 말았다.

그 후로…

이영서는 그 후로 병조정랑으로 자리를 옮겼다. 그리고는 이듬해 1450년(세종32년)에 세상을 떴다. 그해에 즉위한 문종은 이영서의 집에 위로의 말을 전했다.

귀양살이를 하던 민서는 온갖 고생 끝에 단종2년(1454년)에야 비로소 석방되었다. 5년간이라는 긴 유배 생활을 한 뒤였다.

얼마 지나지 않아서 수양대군이 단종을 몰아내고 왕위에 오를 때 민서는 공이 있어서 세조1년에 원종 3등 공신의 반열에 올랐다. 하지만 세조가 죽은 후에 예종1년(1469년) 남이 장군의 옥사에 걸려 역모죄로 죽임을 당했고, 처첩과 자녀들은 모두 종이 되었다.

기녀 문제에 얽혀 한 사람은 귀양살이로 긴 세월을 허비했고, 또 한 사람은 구타를 당하고 부추 머리라는 놀림감으로 전락했다. 그뿐 아니었다. 두 사람 모두 불명예스러운 일로 『세종실록』에 기록되고 말았다.

2 소매

지방관과 토착 세력, 그 사이에 매화 송이

기녀 스캔들 메이커

암행찰방(暗行察訪)의 보고

세종 때 암행찰방 윤형은 어명을 받고 비밀리에 호남 지방을 시찰했다..

윤형이 돌아와서 부하가 상관을 욕보인 사건에 대해 보고했다.

> 찰방(察訪): 역참(驛站)을 관리하던 종6품 직위. 조선 초기에는 고려시대의 전통을 이어받아 수령 감찰, 군기 점검 등의 감찰 임무를 수행하기도 했다. 암행감찰을 하기도 했다.

광주목사가 기생과 간통하자, 기생의 남편이란 자가 광주목사를 두드려 패고 그 기생은 묶은 채로 가두었습니다. 그런데 광주목사는 죽었습니다. 광주 사림들이 그 사건을 두고 혀를 찬 지가 꽤나 오래되었습니다. 이에 조사하여 단서를 잡았습니다.

그때 죽은 광주목사는 신보안(神保安)이라는 자였다.

세종은 순간적으로 사건의 심각성을 알아차렸다. 기생은 본래 해당 관청이나 국가 소속의 천민 노예로서 남편을 둘 수 없었다. 그게 조선의 법이다.

'기생의 남편이란 자가 목사를 죽여? 그렇다면? 지방의 세력가가 기생과 관계를 맺으면서 그 기생의 남편이라고 우쭐거리고 뽐냈겠지. 물론 풍속상 남편을 두는 것을 일일이 막을 수는 없지만 말이야. 그렇다면 지방관과 지방의 토착 세력 사이에 기생을 두고 서로 싸움이 벌어졌겠다! 어쨌든 중앙에서 내려보낸 수령이 죽었다니 그대로 덮어 두어서는 안 될 일이로고.'

세종은 이리 생각한 후에 사헌부에 명령을 내렸다.

"이게 어찌 된 일인지 세밀히 조사하라."

사헌부에서는 부랴부랴 이안상에게 감찰 임무를 맡겨 광주로 내려 보냈다.

세종11년(1429년) 11월이었다.

감찰 이안상의 조사

반인(伴人): 상관을 수행하는 부하. 오늘날 비서격.

감찰 이안상은 광주에 내려가자마자 목사 신보안의 반인(伴人)이었던 오한을 불러들여 심문했다.

오한은 이렇게 말했다.

"관아에 있다가 사람을 때리는 소리가 들려서 가보니, 노홍준이 목사 신보안을 때리고 있었습니다. 목사는 그때 상처를 입었는데 나중에 죽고 말았습니다."

감찰은 자세한 사연을 물었다. 그러나 오한은 무언가를 숨기는 듯했는데 입을 다물고 더 이상 말하지 않았다.

이에 감찰이 다시 곤장을 치고 물었다.

"노홍준이 신보안을 때려서 신보안이 죽게 된 것입니다."

오한은 그렇게 되풀이할 뿐이었다. 계속해서 세 번이나 곤장을 쳤으나 그는 어금니를 질끈 물고 아무 말도 하지 않았다. 할 수 없이 오한을 다시 옥에 가두었다.

그런데 이게 웬일인가? 이튿날 오한은 목을 매어 자결하고 말았다.

이듬해 1430년 2월. 이 보고를 받은 세종은 다음과 같이 하명했다.

"고을의 수령이 피살당한 것은 좋지 않은 일이다. 더구나 오한이 갑자기 목매어 죽었다니, 이 또한 의심스럽다. 다른 사람을 보내어 조사하는 것이 어떻겠는가?"

신하들이 아뢰었다.

"이 사건은 형사 사건인 듯하니, 이제 형조에서 담당해야 합니다. 형조의 낭관(郎官)을 보내는 것이 어떻겠습니까?"

"그렇게 하라."

이에 조정에서는 형조정랑 정길홍을 광주로 내려 보냈다.

낭관(郎官): 육조(六曹)의 5, 6품관인 정랑이나 좌랑의 자리에 있던 사람을 이르던 말.

사건의 진상: 기녀 쟁탈의 삼각관계

같은 해 3월 26일. 형조정랑 정길홍은 사건의 진상을 조사하면서, 그 사건의 인물 관계도를 그려보았다.

신보안이 일찍이 1428년 봄에 반인(伴人) 오한을 시켜 기녀 소매(小梅)를 데려오게 했다. 신보안이 소매와 육체적인 관계를 맺었는데, 이때 고을 사람인 김전이 이 일을 알아차리고 노홍준에게 가서 말했다.

"지금 신보안이 소매와 함께 방 안에 있다."

노홍준은 화가 치밀어 올랐다. 소매는 노홍준의 기첩이었기 때문이다. 더욱이 그는 만호 직에 있다가 물러난 인물이었다. 만호라면 각도

(各道)의 진(鎭)에서 근무하는 종4품 무관직이다. 여전히 팔팔한 무인 기질이 남아 있었다.

"목사라면 정3품 문관이 아닌가? 제까짓 것이 나보다 벼슬이 높다면 얼마나 높다고? 더욱이 고을의 목사란 자가 풍속을 잘 다스려야지, 왜 남의 기첩을 건드리는 거야? 본때를 보여줘야지."

이내 노홍준은 방으로 뛰어 들어갔다. 기첩 소매는 그의 성깔을 너무도 잘 아는지라 창문을 넘어서 냅다 줄행랑을 쳤다. 노홍준은 신보안의 옆구리와 볼기와 무릎을 두서너 차례 세게 발길질을 하고 나가버렸다.

신보안은 노홍준에게 걷어차인 곳을 가리키면서 오한에게 말했다.

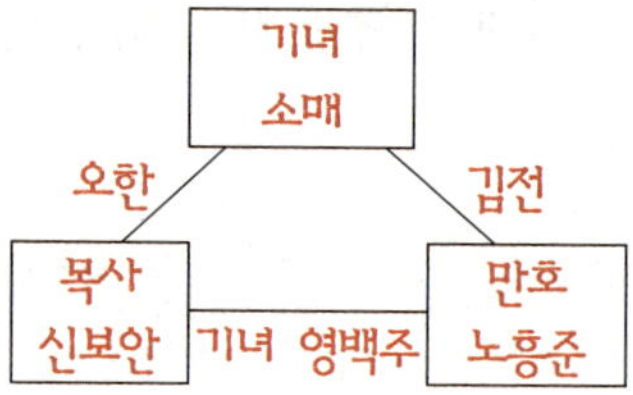

"노홍준은 흉악한 놈이다. 나를 욕보인 것이 이 지경이다. 부끄럽기도 하니 소문일랑 내지 말라."

이튿날 노홍준이 기생 소매를 결박하여 끌고 관청으로 나갔다. 그는 길에서 마주친 기생 영백주(詠栢舟)에게 말했다.

관방(官房): 관아에 딸린 방. 벼슬아치가 일을 보거나 숙직하던 방.

"어제 목사 신보안이 소매와 함께 관방(官房)에 있기에 내가 그를 한 번 걷어찼다. 목사가 이미 소매와 간통했으니 소매를 목사에게 줘버리겠다."

그리고는 다시 들어가서 신보안을 때리려고 했다. 이에 영백주가 말렸다.

"양반이 할 짓이 아니요. 제발 멈추시오."

노홍준은 그제야 그만두고 소매를 끌고 그녀의 집으로 갔다. 그때 마침 신보안이 근무를 마치고 관사로 돌아오는 길에 소매의 집을 지나가는 참이었다. 그때 노홍준의 눈이 번쩍하더니 불이 일어났다. 이내 큰 소리로 외쳐댔다.

"저런 것도 관원이냐. 도적놈 같으니라고. 내가 뼈를 분질러버리리라."

그리고는 소매의 머리카락을 자르고 그녀를 데리고 자신의 집으로 돌아갔다. 소매를 가두어 두고 나돌아 다니지 못하게 했다.

이에 신보안은 소매의 이름을 기적(妓籍)에서 지워버렸다. 사태가 더 커지기 전에 아예 소매를 노홍준의 것으로 인정해버리는 것이 좋았기 때문이다. 이는 어찌할 수 없이 취한 결정이었다.

기적(妓籍): 기녀의 이름을 적어 놓은 문서의 일종. 기녀안, 혹은 기안(妓案)이라고도 한다.

이것이 신보안과 노홍준 사건의 자초지종이었다. 이에 더하여 형조정랑 정길홍은 신보안이 어떻게 죽게 되었는지를 밝혔다.

"노홍준이 기생 소매를 잡아들인 4월부터 8월까지 소매는 기생 일을 하지 못했습니다. 소매가 풀려난 8월부터 다시 기생 일을 할 수 있었습니다. 그런데 7월 22일에 신보안이 죽었다고 하니, 그동안 날짜가 꽤 흘렀음을 알 수 있습니다. 이로 보아 신보안이 노홍준에게 맞아서 죽었다고 보기 어렵습니다."

한 가지를 덧붙였다.

"신보안의 병을 간호하던 기생과 의원들은 모두 그가 매를 맞고 죽은 것이 아니라 이질로 죽었다고 말했습니다."

이질: 똥에 희고 불그레한 점액이 섞여 나오는 전염병.

이어서 죄상을 밝혔다.

“신보안이 관아의 기생과 육체적 관계를 맺은 것은 의롭지 못한 일입니다. 그렇다고 노홍준이 상관을 발로 차고 꾸짖은 것은 하극상을 범한 것이고, 그가 관기(官妓)를 제 마음대로 데리고 가서 여러 달 동안 기생 일을 하지 못한 것도 죄에 해당합니다.”

관기(官妓): 지방 관아의 기생. 서울의 기생을 경기(京妓)라고 한다.

세종은 조정 회의를 열어 다음과 같이 처결했다.

· 노홍준: 하극상의 장본인. 곤장 1백 대, 변방의 군정으로 충원.
· 김전: 노홍준과 한패가 되어 수령의 과실을 폭로한 죄. 곤장 1백 대.
· 감사 한혜, 수령관 오치선, 감찰 이안상: 신보안의 사인을 제대로 밝히지 못한 죄로 파면.
· 광주목: 무진군으로 강등.

광주목이 무진군으로 강등되다니, 광주 사람들 아니, 무진군 사람들은 무척 화가 났다. 다들 한 목소리로 말했다.

“저것들 때문에 우리 고을이 군(郡)으로 강등되었어. 그리고 감사, 수령은 물론이고 조사하러 내려온 감찰까지 애매하게 죄를 입었단 말이야. 다 내쫓아버리자.”

품관(品官): 향소의 좌수나 별감 같은 지방의 유력자를 이르는 말.

광주 지방의 품관(品官)과 아전들이 노홍준과 김전의 집을 헐어버리고 그 가족들을 고을에서 쫓아냈다. 향교(鄕校)의 학생들도 가담하여 김전의 두 아들을 내쫓는 데 앞장섰다.

장계(狀啓): 조선 시대 지방에 파견된 관원이 왕에게 아뢰는 문서.

이에 전라감사가 그해 5월에 장계(狀啓)를 올렸다. 거기에 사유가 정확히 밝혀져 있었다.

김전은 오랫동안 광주 지방에서 살던 백성으로서 노홍준의 편이 되어 광주를 어지럽게 했습니다. …… 광주 지방의 품관과 아전들이 처음에는 이들 편이 되어 노홍준의 죄를 가리고 숨겨주었습니다. 나중에 사실이 드러나고 죄가 결정된 뒤에는 도리어 노홍준을 원수로 여기고 그를 위협하며 제멋대로 그의 집을 헐고 그를 고을에서 내쳤습니다. 그의 죄를 자손에게까지 미치게 했습니다.

노홍준이 신보안을 구타한 사건의 시작은 기녀를 차지하려고 한 싸움이었지만, 점차로 지방관과 토착 세력 간의 대립으로 확대된 사건이었다.

노홍준과 김전은 당시 광주 지방에서 권세를 휘둘렀던 토착 세력이었으니, 자신의 기첩과 통정한 광주목사를 무시하고 욕보이기가 그리 어렵지 않았던 것이다. 조정에서 감찰이 처음 나왔을 때에 광주의 품관과 아전들이 노홍준과 김전을 옹호한 것도 무리는 아니었다.

하지만 노홍준과 김전의 죄상이 밝혀지게 되자, 이번에는 고을 사람들이 태도를 확 바꾸어 노홍준과 김전의 편에 서지 않았음은 물론이고 심지어 그들의 가족까지 핍박했던 것이다.

그런 사태의 흐름을 파악한 전라감사는 다음과 같이 건의했다.

노홍준과 김전은 죄인이 분명합니다. 하지만 고을 사람들이 그들과 그들의 가족들에게 취한 과도한 행위에 대해서는 죄를 물어야 합니다.

세종은 사태를 처리하게 하되 김전의 식구들은 내쫓지 않는 것으로 사건을 수습했다.

그 후 1451년(문종1년) 6월에 무진군은 광주목으로 회복되었다. 무려 21년이나 걸렸다.

그 뒤로 다시 20여 년이 흘러 성종 때에 이르러서도 이 사건은 여전히 상하의 윤리를 깨뜨리는 사례로 언급되었다. 기녀를 두고 다툼을 벌였다가 한 고을이 목에서 군으로 강등된 사건의 파장이 결코 작지 않았다.

소매는 결코 작은 매화 송이가 아니었다. 광주 고을을 들었다 놓을 정도였으니…….

3 초요갱

바람결에 권력결에
휘늘어져 춤을 추고

기녀 스캔들 메이커

세조 때 기녀 4인방

세조 시절에 이름을 날린 기녀 4인방이 있었다. 그들의 이름은 초요갱, 옥부향, 자동선, 양대. 모두들 노래와 춤에 능숙하여 궁궐 잔치에 불려가곤 했다. 왕은 이들을 '4기(四妓)'라고 불렀다.

그중에 옥부향(玉膚香)은 이름대로 '옥같이 흰 피부, 향기가 어려 있네.'를 뜻한다. 얼마나 아름답고 윤기 나는 피부였는지 짐작하고도 남음이 있다. 햇빛에 비치는 비단결 피부!

자동선은 명나라 사신에게도 이름이 나 있었다. 세조 때 태평관(太平館)에서 명나라 사신을 위해 잔치를 베풀었는데, 그 자리에서 명나라 사신인 장성이 통사 장유성에게, "조선에 자동선이란 명기가 있다는데, 누구요?"라고 물었고, 이에 "자동선은 오늘 당번이 아니어서 불참했습니다."라고 대답했다. 이처럼 자동선의 이름은 중국 사신에게도 알려졌을 정도였다. 『세조실록』에 그렇게 전한다. 일찍이 자동선은 단종 때에 정원석의 기첩이 되어 아들 정비내를 낳기도 했다.

태평관(太平館): 중국 사신이 와서 머물던 객관(客館).

기생들의 얼굴에 분을 두껍게 칠하라

그런데 세조는 이들 4기(四妓)에게 다음과 같은 명령을 내렸다.

> 잔치할 때면 반드시 기생들의 얼굴에 분을 두껍게 바르도록 하라.

세조의 명령대로 기녀들은 잔치 자리에 나올 때마다 분을 칠했다. 그런데 얼마나 두껍게 칠했는지 그 모습이 마치 가면을 쓴 것과 같았다.

왜 분을 칠하게 했을까?

선상기(選上妓)로 상경한 평양 기생 초요갱

선상기(選上妓): 국가나 왕실의 행사에 필요해서 지방에서 서울로 뽑혀 올라온 관기.

초요갱(楚腰輕)은 원래 평양 기생이었다. 일찍이 중국 초나라 영왕(靈王)이 세요(細腰; 가느다란 허리)를 좋아하자, 궁녀들 중에 영왕의 마음에 들기 위해 허리를 가늘게 하려다가 그만 굶주린 자가 적지 않았다고 한다.

'초요(楚腰)'는 '초나라 미인들의 허리'를 뜻한다. 곧 '허리가 휘늘어질 정도로 가는 미인'이라는 뜻이다. 당나라의 유명한 시인 두목은 훤칠하게 잘 생긴데다 시를 잘 지어서 기생들에게 인기가 높았다. 그는 자신의 시에서 '초나라 미인의 허리가 가늘어 손 안에 가볍네(楚腰纖細掌中輕)'라 읊었다. 조선의 초요갱은 바로 그 이름을 땄다. 패러디한 셈이다.

버드나무처럼 가늘고도 휘휘 늘어지는 탄력적인 허리를 지닌 초요갱! 왜 그런 이름이 붙었을까? 단지 허리가 가늘어서? 아니다. 지방에 소속된 천한 기녀로서 가진 것이라곤 춤과 미모뿐이었다. 서울로 올라갈 수 있다면, 고관대작의 첩실이 될 수 있다면, 그런 꿈이야 자유롭게 꿀 수야 있겠지만 그런 행운이 모든 기녀에게 주어지지는 않았다.

그러던 중 초요갱은 세종 때에 서울로 뽑혀 올라오게 되었다. 세종은 문화·예술 분야의 진흥책을 펼쳤는데, 초요갱이 음악과 춤에 능숙해서 선상기가 된 것이다. 정작 그 꿈이 실현되는 순간 초요갱 자신도 놀라지 않을 수 없었다.

서울로 올라온 초요갱은 이를 악물고 최선을 다하여 악무(樂舞)를 전수받았고, 그 후로는 다른 기녀들에게 악무를 가르치는 선생의 자리에 서기도 했다.

악무(樂舞): 음악과 춤을 아울러 이르는 말.

한평생을 이리저리 휘둘릴 바에야, 차라리…

초요갱은 서울 기생 소양비의 이야기와 광주 기생 소매의 이야기를 소문으로 들었다. 초요갱은 이렇게 생각했다.

> 두 기생은 모두 자신들의 목소리를 제대로 내보지도 못한 채, 시들어 갔겠지. 기녀의 삶은 자신의 의지와 상관이 없어. 권세가들의 손아귀에서 이리저리 휘둘릴 뿐이야. 그럴 바에야 하늘이 내게 준 재주를 뽐내며 권세를 좇아 한평생을 살아보는 것도 좋겠지?

그러던 어느 날 초요갱은 드디어 자신의 꿈을 펼칠 기회를 만났다. 평원대군(1427~1445)의 눈에 들어 그의 기첩이 된 것이다. 평원대군이 누구인가? 세종의 일곱째 아들이었다. 천민 신분의 기녀로서는 대단한 영광이자 엄청난 출세였다.

그러나 그 만남도 잠깐, 애석하게도 평원대군이 천연두에 걸려 19세 젊은 나이로 죽고 말았다. 초요갱의 꿈은 일순간에 산산조각 났다.

수양대군의 왕위 찬탈에 이용되고

그러나 버스를 놓쳤다고 실망할 것까지야 없는 법, 다음 버스가 올 테니까. 아니나 다를까, 그녀에게 눈독을 들이며 주위를 맴돌고 있는 권력자들이 많았다. 마치 솔개가 병아리를 채가려는 듯. 초요갱은 아직 젊고 아름다운 기생이 아니던가!

1455년(단종3년) 어느 날. 금성대군 이유(1426~1457)가 이복형제인 화의군 이영, 그리고 여러 무인들을 집에 불러들여 활쏘기 대회를 열고 잔치를 벌였다.

흥을 돋우기 위해 동원된 기녀들 중에 초요갱이 단연 으뜸이었다. 너울대는 춤 동작 하나하나에 화의군 이영의 시선이 꽂혔다. 초요갱은 자신을 향한 화의군의 시선을 이미 알아차리고 살그머니 미소를 지었다.

유혹의 달인은 결코 자신이 먼저 유혹하지 않는다. 상대방으로 하여금 유혹의 충동에 빠져들게 하는 법. 초요갱의 춤이 그랬다.

화의군은 세종과 영빈 강씨 사이에서 태어난 자, 비록 서출이었지만 엄연한 왕자였다. 흠, 잘만 낚으면……. 초요갱은 혼잣말을 하면서 허리를 한층 흐드러지게 휘돌렸다.

신윤복
〈쌍검대무〉

일찍이 화의군은 풍류랑으로 이름을 떨쳤다. 얼마나 호기로웠든지 이복형 임영대군과 함께 민간 여인에게 남자 옷을 입혀 궁궐로 들여 즐겼을 정도였다. 마치 태종의 장남이자 풍류랑이었던 양녕대군의 모습을 보는 듯했다. 화의군이 조정 신하의 기첩과 스캔들을 일으켰음은 물론이다.

금성대군 집에서의 잔칫날, 그날 초요갱은 화의군 이영의 품에 안겼다. 낮에 벌어졌던 활쏘기 경연 자리가 어떤 자리였는지, 초요갱 특유의 직감이 작동했다.

흠, 수양대군의 왕위 찬탈 야욕을 꺾겠다고? 어린 단종을 보호하자는 왕자 세력들의 단합이로구나. 잘만 된다면, 내 인생에 한순간 현란한 빛을 발할 수도 있겠군. 초요갱은 화의군 이영의 품에 안겨 양쪽 겨드랑이에 날개를 달고 하늘을 훨훨 나는 꿈을 꾸어보았다.

그러나 애석하게도 그 모임은 수양대군(훗날 세조: 1417~1468)의 거미줄 같은 정보망에 걸려들고 만다. 어느 왕자들보다도 야심이 컸던 수양대군, 군왕의 자리를 넘보며 치밀하게 일을 진행시키던 자. 형제들의 동태를 면밀히 감시하면서 빌미를 잡으려던 수양대군이었다. 그런 호기를 그냥 흘려보낼 수는 없었다.

세종 -	소현왕후	영빈	신빈	혜빈	숙원	상침
	심씨	강씨	김씨	양씨	이씨	송씨
	8남	1남	6남	3남	1녀	1녀
	문종(5대)	화의군	계양군	한남군	정안옹주	정현옹주
	세조(7대)		의창군	수춘군		
	안평대군		밀성군	영풍군		
	임영대군		익현군			
	광평대군		영해군			
	금성대군		담양군			
	평원대군					
	영응대군					
	2녀					
	정소공주					
	정의공주					

금성대군은 세종의 여섯째 아들로서 둘째 아들인 수양대군의 친동생이다. 화의군은 세종의 아홉째 아들로서 수양대군의 이복동생이다. 왕

위에 오르려는 야욕에 사로잡힌 세조에게는 이런 아우들이 눈엣가시였다. 더구나 이들은 사사건건 그와 대립각을 세우던 자들이 아니었던가.

당시 영의정이었던 수양대군은 휘하 판서들을 동원했다. 이들은 어전 회의에서 한 목소리를 냈다.

"화의군 이영이 평원대군의 첩이었던 초요갱과 육체관계를 맺었습니다. 이 죄를 물어 귀양을 보내야 합니다."

그날 잔치자리에 모인 무신들이 처벌되었다. 금성대군은 잔치를 베푼 당사자였다는 꼬투리를 잡혀 파직당했다.

수양대군은 왕위에 오르면서 안평대군을 견제했다. 훗날 금성대군 일파가 단종을 다시 임금에 앉히자고 모의하자, 이를 미리 간파하고 금성대군을 귀양 보냈다. 그리고 그 후에 안평대군까지 처리해버렸다.

화의군도 여러 곡절을 거쳐 귀양 갔다가 성종 때 귀양지에서 삶을 마감하고 만다. 비운의 왕자들이었다. 수양대군이 왕좌에 오르는 과정에서 초요갱 사건에 얽혀 축출되고 만 것이다.

초요갱의 운명은 이렇게 정쟁의 벼랑에 핀 해어화였다. 벼랑에 부는 바람에 따라 이리저리 춤을 추었던 기녀. 그녀는 화의군의 몰락과 함께 곤장 80대의 처결을 받고, 이어서 본 고을로 되돌려 보내거나 변방으로 쫓아내라는 처분을 받았다.

이제 서울을 떠나야 한다. 꿈은 물거품이 되고 평양으로 돌아가야만 했다. 그런데 하늘이 무너져도 솟아날 구멍이 있다던가, 초요갱은 서울에 머물 수 있었다. 그 사유가 『단종실록』에 이렇게 적혀 있다.

초요갱은 금수와 다르지 않으므로 책망할 것도 없습니다. 하지만 세종 임금 시절 새로 제정한 악무(樂舞)를 익힌 유일한 기녀입니다. 그녀만큼이나 악무를 잘 아는 사람은 드뭅니다. 초요갱을 고향으로 내칠 수는 없습니다.

전악서(典樂署): 장악 기관의 하나. 음악에 관한 일을 맡아보던 관아로, 연산군 때에 장악원(掌樂院)으로 고쳤다.

초요갱은 세종 때 새로 제정한 음악과 춤에 능했던 전악서(典樂署) 기녀였다. 음악과 춤에 뛰어났기 때문에 쫓겨나지 않고 서울에 남아 있을 수 있었던 것이다. 그 후로 세조 임금을 거쳐 예종 임금 때까지 이름값을 했다.

세조 즉위의 3등공신인 신자형에게로

예장도감(禮葬都監): 장례 절차를 맡아보던 중앙의 기관.

어느덧 정권은 바뀌고 세조 시대가 왔다. 그때 예장도감(禮葬都監)의 판관 자리에 신자형이란 자가 있었다. 그는 초요갱의 노래와 춤 솜씨를 익히 알고 있었다.

초요갱의 뛰어난 재능은 평원대군, 화의군에게 이미 검증되지 않았던가? 더욱이 초요갱은 주인 없는 무주공산(無主空山)이 아닌가? 깃발을 먼저 꽂는 자가 임자렷다!

이렇게 생각하고 신자형은 초요갱에게 접근했다.

그동안 초요갱은 권력의 무상함을 처절히 체험했다. 이제 정쟁의 갈림길에서 어느 한쪽을 잘못 선택했다가 궁지에 빠지는, 무모한 도박을 할 것이 아니었다. 이제는 확실하게 권력을 쥔 쪽을 택하기로 했다. 부귀영화를 보장받기 위하여.

그런 초요갱에게 신자형은 적임자였다. 그의 부친은 세종 때 좌의정을 지낸 신개였고, 당사자 신자형은 세조1년(1455년) 세조의 왕위 즉위에 공을 세워 좌익원종공신 3등이 되었다가 예장도감 판관에 오른 자였다.

그렇다면 신자형의 마음에만 든다면? 초요갱의 일생은 탄탄대로가 열리는 셈이었다. 그녀는 온갖 방법을 동원해서 신자형을 미혹하고 요리했다. 그녀는 자신의 의도대로 권력자의 품 안에서 한동안 거칠 것 없이 잘 살았다.

그러나 초요갱은 너무 자만하여 그만 무리수를 두고 만다. 세조3년(1457년) 6월 26일 사헌부에서 올린 내용을 보자.

> 예장도감 판관 신자형이 정실부인을 소박하고 기생 초요갱을 너무 사랑하여, 오직 그녀의 말만을 듣고서 종 둘을 때려서 죽였습니다. …… 사건의 진상을 끝가지 밝혀야겠습니다. 청컨대 신자형의 벼슬을 거두고 관련자를 구속하여 샅샅이 조사하게 하소서.

초요갱은 신자형의 사랑을 받은 후로는 안하무인격이어서 신자형을 미혹하여 정실을 내쫓게 했고, 그것도 부족하여 여종들이 자신의 말을 잘 듣지 않자 신자형으로 하여금 여종 둘을 때려죽이기까지 했다.

그러나 지나침은 모자람만 못한 법. 신자형과 초요갱은 둘 다 처벌을 받았다. 다만 신자형은 계유정난(癸酉靖難)의 공신이라는 정상을 참

계유정난(癸酉靖難): 단종 원년(1453년)에 수양대군이 정권 탈취를 목적으로 반대파를 숙청한 사건.

작하여 직위를 몰수하는 데 그쳤다. 초요갱은 외방으로 쫓아내라는 처결을 받았다.

그러나 이번에도 초요갱은 서울에 남아 있었다. 예능인이었기 때문이다. 아니, 그녀를 탐내는 남자들이 여전히 줄을 서고 있었기 때문인지도 모른다.

7촌 사이의 기녀 쟁탈

3개월 후인 10월 7일에 사헌부에서 왕에게 이상한 보고가 올라왔다. 신자형의 7촌 조카인 안계담이 신자형의 집에서 행패를 부렸다는 것이다. 『세조실록』에 이렇게 실려 있다.

> 안계담(安季聃)이 칠촌 아저씨뻘 되는 신자형의 기첩 초요갱과 간음하려고, 신자형의 방으로 들어갔습니다. 신자형의 아내 이씨가 놀라 달아나다가 그만 땅바닥으로 떨어지고 말았습니다. 그는 초요갱을 찾지 못하자, 종들을 구타하며 초요갱을 내놓으라 했습니다. 그의 행위는 미친 짓 같고 매우 경박합니다. 청컨대 장(杖) 80대에 벼슬을 삭탈하고, 먼 지방으로 귀양을 보내어 사람들을 경계하게 하소서.

그때 신자형은 관직에서 쫓겨나 어려운 처지에 빠진 상태였다. 그때 초요갱은 암중모색하면서 다른 남자들과 관계했으리라. 그중에 하나가 안계담이었던 것으로 보인다.

그런데 초요갱이 안계담을 가까이 하면서도 뭔지 모르지만 마음에 들지 않게 행동했던 듯싶다. 그런 와중에 안계담이 7촌 아저씨뻘인 신계담의 집으로 들이닥쳐 초요갱을 만나려고 했던 것으로 보인다. 물론 이 사건으로 안계담은 처벌당했다.

이번에는 제대로 된 남자를 선택하고자 했지만 또 다시 허사였다. 편안히 기댈 만한 남자가 이 세상에 없단 말인가? 이게 기생의 불행한 운명이란 말인가? 평원대군, 화의군에 이어 신자형, 안계담 등과 뿌린 스캔들, 물론 그런 스캔들은 초요갱이 자유로운 연애를 원해서 생긴 것은 아니었다. 그래서 초요갱은 더 억울했다.

'나는 단지 일생을 편안하게 기댈 만한 권력자를 찾기 위한 몸부림을 쳤을 뿐인데…….'

그러나 초요갱은 이 세상 누구에게도 기댈 수 없었다. 그렇다고 인생을 그대로 끝낼 수는 없었다.

다시 권력의 핵심을 찾아서 계양군에게로

초요갱은 촌수가 7촌인 남성들 틈에 끼어 오명만 뒤집어쓰고 있었다. 마치 물에 빠진 생쥐 꼴이라고나 할까, 지푸라기라도 잡고 싶었다. 그때 지푸라기가 아닌, 으리으리한 배가 나타났다. 왕자가 또 나타난 것이다.

바로 계양군 이증(?~1464). 그는 세종과 신빈 김씨 사이에 태어난 왕자였다. 그는 어수선한 시절에 수양대군 편에 붙었기 때문에 살아남을 수 있었다.

더욱이 계양군은 한명회, 한확 등과 함께 수양대군의 측근으로 활동하여 1455년 계유정난을 일으키고 세조가 왕좌에 오르는 데 결정적으로 기여했다. 그 공로로 좌익공신 1등에 책정되었고, 세조의 측근에서 서무의 출납을 맡았다.

세조 9년 즈음. 계양군은 초요갱의 집을 드나들며 한창 열애 중이었다. 그 소문이 세조의 귀에까지 들어갔다. 세조는 조용히 계양군을 불러 물었다.

"네가 초요갱과 스캔들이 있다는데, 정말 그러하냐? 왜 하필이면 초요갱이냐?"

계양군 이증이 울부짖으면서 머리를 조아리고 하늘을 가리켜 맹세했다.

"아닙니다. 저는 결코 초요갱을 가까이 한 적이 없습니다. 저를 헐뜯는 무리들이 지어낸 말입니다. 억울할 뿐입니다."

그날 밤에 계양군은 초요갱과 동침했다. 이를 어떻게 보아야 하나?

아마도 계양군은 세조에게 맹세하면서까지 초요갱을 만난 것을 보면, 그녀에게 푹 빠졌던 것으로 보인다. 그렇지만 세조로부터 책망을 들었는지라 계양군은 무리하게 초요갱을 첩실로 들일 수는 없었다.

초요갱은 그런 계양군이 서운했는지 선공판사(繕工判事) 변대해가 자신에게 다가오는 것을 거절하지 않았다. 하지만 변대해는 몰래 초요갱의 집에서 묵다가 계양군에게 들통이 나고 말았다. 그는 계양군의 종에게 몰매를 맞아 죽고 말았다.

사실 계양군 이증은 학문을 좋아하고 공부를 게을리 하지 않아 아버지 세종의 끔찍한 사랑을 받은 왕자였다. 또한 부귀와 권세를 스스로 자랑하지 않은 자였다.

다만 흠이라면 주색에 빠져드는 것, 그것이 흠이었다. 그러다가 그는 이듬해 세조 10년 8월, 세상을 뜨고 만다.

기녀의 얼굴에 분을 두껍게 칠하게 한 이유

이러한 초요갱의 모습은 세조가 보기에 역겹지 않을 수가 없었다. 제 아무리 정조를 중요하게 여기지 않는 기녀라 할지라도 이 남자, 저 남자의 품에 안기는 것이 언짢았다. 더욱이 조정의 관료들이 그녀의 재주와 미모를 탐하여 치졸한 싸움까지 벌이다니.

4기 중에 옥부향도 마찬가지였다. 피부가 아름답고 향기가 난들, 무슨 대수일까. 그녀는 일찍이 효령대군과 육체관계를 맺은 기녀였다. 훗날 익현군 이관과 육체관계를 맺었다. 익현군이 세종의 아들이고 효령대군이 세종의 형이니, 옥부향을 사이에 두고 삼촌과 조카가 무슨 꼴을 벌였단 말인가.

이에 세조는 항상 종친과 재상에게 기생을 멀리하고 가까이하지 말도록 경계했다.

"기생의 무리는 사람이 아니다."

그리고 한 마디 더했다.

"잔치할 때면 반드시 기생들에게 얼굴에 분을 두껍게 바르게 하라."

그런데 기녀가 사람이 아니라면 무엇이란 말인가? 기녀의 행실이 비록 혐오스러웠을지라도, 기녀를 탐하는 조정 신하들의 행실은 과연 어땠던가? 얼굴에 분을 두껍게 바른 기녀의 모습은 바로 조정 신하들의 자화상이 아니었을까?

남이 장군의 첩이 되어 행복한 나날을 보내는데…

당시 세조는 남이(1441년 세종23년~1468년 예종 즉위년) 장군을 아꼈다. 남이는 누구인가? 할아버지는 영의정부사, 아버지는 의산군(宜山君), 어머니는 태종의 넷째 딸 정선공주다. 그리고 좌의정 권람(權擥)의 사위다. 남이는 1457년(세조3년) 17세의 나이로 무과에 장원급제한 후로 여러 군데 무관직을 역임했다. 그동안 세조는 무장으로서의 기개를 떨치고 무공을 세운 남이 장군을 총애해왔다.

남이가 26세 때인 세조12년(1466년) 어느 날이었다. 세조 임금은 남이를 사랑하는 눈빛으로 대하면서 물었다.

"네 나이가 26세, 혈기가 한참 뛰는 때렸다. 원하는 기녀가 있느냐?"

"예, 초요갱입니다."

그 순간 세조는 눈살을 살짝 찌푸리고 잠깐 동안 생각에 잠겼다. 초요갱은 일전에 얼굴에 분을 두껍게 바르라고 한 그 기생이 아니던가. 그렇지만, 남이가 좋아한다니 그쯤이야…….

"좋다, 네게 초요갱을 주마. 그리고 탁문아와 월중매도 주련다."

이렇게 해서 남이는 초요갱을 비롯하여 세 기녀를 한꺼번에 얻었다.

조선 건국의 임금인 태조 때부터 임금들은 종종 선물로 기녀를 종친들이나 고위층 신하들에게 내려주곤 했다. 그때 기녀의 신분을 벗어나게 해주는 경우도 종종 있었다.

세조 역시 이런 흐름에 따라 4기를 왕실의 가까운 인척이나 고위층 관료들에게 첩으로 주면서 특별히 면천(免賤)해 주었다. 세조는 초요갱을 비롯하여 탁문아, 월중매를 남이 장군에게 하사했다. 그러면서 세조는 형조에 명령을 내려 초요갱을 비롯한 양대, 자동선, 옥부향 등 4기에게 천민의 신분을 면하게 해주었다.

면천(免賤): 천민의 신분을 면하고 평민이 됨. 종친이나 고위층 신하들이 기녀 사이에서 자식을 낳은 경우, 그 자녀들의 신분이 천민이라는 문제가 발생하곤 했다. 그 문제를 해결하기 위해 일시적이나마 기녀의 천민 신분을 면해주기도 했다.

초요갱은 권력자들의 사랑을 받기 위해 여러 방면으로 노력했지만, 그 결과는 항상 참담했다. 그러다가 남이 장군의 첩이 되면서 안락함을 마음껏 누릴 수 있었다. 당시의 무공이 높은 장군이자, 왕실의 외척이었던 남이, 무엇보다도 최고 권력자인 세조의 총애를 받던 남이가 아니던가.

이시애 난의 소용돌이, 무르익는 사랑…

초요갱은 이 행복이 영원히 지속되기를 마음속 깊이 빌고 또 빌었다. 아닌 게 아니라, 남이 장군은 1467년 포천(抱川), 영평(永平) 등지에서 도적을 토벌했다. 그해에 함경도 지방의 토착 세력이었던 이시애가 난을 일으켰다.

함경도 지역의 토착 세력들은 고려 시대 말엽부터 이성계 일가와 밀접한 관계를 가지고 있었다. 특히 세종 임금 때에는 6진 개척 사업에도 적극적으로 기여하고 그 대가로 상당한 사회적·경제적 권력을 보장받았다. 이시애 집안도 이러한 토착 세력의 하나였다. 이시애의 아버지 이인화는 영흥부사를 지냈던 인물이다.

그러나 함경도 일대에 대한 중앙정부의 통제력이 강화되면서 토착 세력들은 점차 위축되었다. 특히 세조 때에 중앙 집권 강화책을 펼침으로써 토착 세력들의 부담은 커져만 갔다. 또한 하층민들은 하층민대로 국경지대 방어, 여진 사신들에 대한 대접 그리고 불법적인 수탈 등으로 불만을 터뜨렸다.

당시 함경도절도사 강효문(康孝文)은 탐관오리로서 도민들의 원성을 사고 있었다. 이에 이시애는 반군의 세력을 형성하여 기회를 엿보고 있었다. 1467년 5월 강효문이 함경도를 순찰하던 도중 길주에 도착하자, 이시애·이시합 형제가 밤중에 이들을 암살했다. 그리고는 남도의 군사들이 쳐들어와서 함경도민을 죽이려 한다는 유언비어를 퍼뜨리고, 길주 군사를 동원하여 중앙에서 파견한 경성 이북 여러 국경 지방의 지방관들을 살해했다.

조정에서는 구성군(龜城君) 이준을 병마도총사로 삼고 호조판서 조석문을 부총사로 임명하여 반란군 토벌 작전에 들어갔다. 이시애의 난은 조선 초기에 일어난 사건으로 상층 관료들을 궁지에 몰아넣은 엄청난 사건이었다. 당시에 이시애 무리는 조정을 혼란에 빠뜨리기 위해 함경도절도사 강효문과 중앙 신하들인 한명회 · 신숙주가 결탁하여 모반을 일으키려 한다고 중앙 조정에 허위로 보고했다. 이에 놀아난 조정에서는 혼란에 빠져 한명회 · 신숙주와 같은 훈구 대신들을 의심했다. 하마터면 조정은 이시애의 계략에 넘어갈 뻔했다.

하지만 이시애의 난은 곧 진압되었다. 그때 남이 장군(1441～1468)은 구성군 이준의 휘하로 전쟁터에 나가 적당을 물리치고 돌아왔다. 돌아오는 길에 남이 장군은 백두산에 올라가 평정비를 세우고 시를 지었다.

그 시가 바로 북정가(北征歌)다.

백두산의 돌은 칼을 가는 데 다 닳았고,
두만강의 물은 말을 먹이는 데 다 없어졌도다.
사나이 이십에 나라를 평안하게 하지 못하면,
후세에 누가 대장부라 부르겠는가.

白頭山石馬刀盡(백두산석마도진)
頭滿江水飮馬無(두만강수음마무)
男兒二十未平國(남아이십미평국)
後世誰稱大丈夫(후세수칭대장부)

대장부의 기개가 물씬 풍기는 시다. 남이는 이시애의 난을 평정한 공으로 적개공신(敵愾功臣) 1등에 오르고 의산군(宜山君)에 봉해졌다. 이어 서북 지방의 여진족 토벌에서 이만주(李滿住)를 죽여 2등군공(二等軍功)을 받았고, 그 후에 공조판서에 임명되었다.

1468년 세조가 승하하기 직전에 남이는 오위도총부도총관을 겸했으며, 이듬해에는 병조판서까지 올랐다. 27세의 남이가 조선의 병권을 휘어잡게 된 것이다.

이렇게 초요갱은 남이의 첩이 된지 3년 동안, 행복의 나날을 누릴 수 있었다. 남이 장군이 반란군을 토벌하고 변방의 여진족을 무찌르는 동안은 떨어져 있었지만, 그간 남이가 세운 무공은 초요갱 자신에게 자랑스러움과 행복감을 더해주었다. 병조판서까지 오른 남이 장군의 사랑을 받노라니 세상에 부러울 것이 없었다.

초요갱, 다시 평양 기생으로…, 도대체 무슨 일이?

초요갱이 남이 장군의 첩으로 산 지 3년이 지난 1469년이었다. 세조 임금이 하직하고 예종이 왕위에 올랐다. 그런데 그해에 초요갱은 평양 기생이 되어 있었다.

도대체 무슨 일이 벌어진 것일까? 세조의 명령으로 천민의 신분, 즉 기생의 신분을 벗었던 초요갱이 어찌하여 다시 기생으로 주저앉게 되었단 말인가? 그것도 서울에 머무르지 않고 평양으로 내려갔단 말인가?

세조가 승하하고 예종이 등극하면서 바야흐로 큰 음모가 꿈틀거리고 있었다. 평소 남이 장군의 영특함과 세조의 지극한 총애를 견제하던 유자광, 한명회, 신숙주, 강희맹, 한계희 등은 남이 장군이 역모를 꾀한다고 밀고했다.

그 무리 중에 한 명이 붓을 꺼내들고 남이 장군이 지은 <북정가>를 써내려갔다. 다들 남이가 지은 한시임을 알고 있었다. 그런데 그는 갑자기 '평국(平國)'을 쓰는 곳에서 멈칫했다. 무슨 일인가 서로들 의아하게 쳐다보았다. 곧 붓이 움직이기 시작했다.

득국(得國)

한순간 두렵고도 무거운 침묵이 흘렀다. 누군가 아주 나지막하게 숨을 내쉬듯이 말했다.

"평국이라고 써야지……. 왜 '득국'이야?"

"……."

"……."

"하하하."

'평국'이라면 '나라를 평안하게 하다'라는 뜻인데, '득국'으로 바뀌면서 '나라를 얻다.'라는 뜻으로 엄청난 변화가 일어난 것이다.

남이는 이 구절 때문에 한순간에 왕위를 노리는 역적이 되고 말았다. 암수에 걸려든 것이다. 아니나 다를까, 남이 장군은 28세의 나이에 형장의 이슬로 사라지고 말았다.

그 뒤로 시간이 조용히 흘러갔다.

초요갱도 침묵했다.

…….

이듬해 예종1년(1469년) 2월 8일 홍양군(興陽君) 신운이 임금에게 아뢰었다.

> 일전에 하사받은 난신(亂臣) 남이의 첩 탁문아는 어전에서 정재(呈才)를 하던 자이므로, 신이 감히 종으로 부릴 수가 없습니다. 이에 앞서 기생 월중매와 초요갱이 난신의 첩들이었는데 모두 다 출신지로 되돌려 보냈습니다. 그 사례에 따라 탁문아를 처리해 주소서.

난신(亂臣): 나라를 어지럽히는 신하.

정재(呈才): 대궐 안의 잔치 때에 벌이던 춤과 노래.

위 내용은 뜻밖에 초요갱에 대한 정보를 담고 있다. 남이가 역모죄에 얽혀 처형된 후에, 그의 첩이었던 초요갱과 월중매는 본래의 출신지로 보내졌다. 그래서 초요갱은 평양으로 내려갔다.

한편 예종 임금은 신운에게 탁문아를 하사했다. 신운은 본래 내시였는데 남이 장군의 옥사를 다스린 공으로 예종 때에 익대공신 1등에 올랐다. 당연히 남이 장군이 거느리던 기생 탁문군을 하사받을 만했다. 하지만 신운은 탁문아를 거절했다.

어전에서 정재하던 기생이므로 첩으로 삼기가 어려웠다고 이유를 댔지만, 사실은 반역 죄인으로 몰린 남이의 기생첩을 받아들이기에는 기분이 찜찜했기 때문이다. 신운은 초요갱과 월중매를 본 고향으로 내려보낸 것과 같이 탁문아도 그렇게 해달라고 청했다. 그리하여 탁문아는 경상도 진해로 내려갔다.

한편 평양으로 내려간 초요갱은 그해 7월에 평양도사 임맹지의 눈에 띄게 이른다. 그때 임맹지는 초요갱을 가까이했다가 간통죄에 걸려 국문을 당하게 된다. 평양 관아의 대비(大非)라는 여종이 서울까지 올라와서, "도사 임맹지가 초요갱과 간통했다."라고 고발했기 때문이다.

당시 부모나 임금의 상중(喪中)에 기녀와 놀아나 강상죄(綱常罪)에 걸렸다. 윤리를 중시하던 당시에 강상죄에 걸린 자는 크게 처벌을 받았다.

강상죄(綱常罪): 삼강(三綱)과 오상(五常)의 도덕을 심하게 위반한 죄.

임맹지가 초요갱과 간통한 때는 세조가 죽은 해여서 국상(國喪) 기간이었다. 이에 임맹지는 불충(不忠)의 강상죄를 범한 자로 다루어져 의금부로 압송되기에 이른다. 의금부는 역적죄와 같은 큰 사건을 담당하는 무시무시한 곳이었다.

어차피 의금부에 끌려온 이상 임맹지는 이래도 죽고 저래도 죽을 운명. 천만다행으로 살아 나가더라도 골병이 들 것은 뻔했다. 끝까지 부인했다. 초요갱 역시 곤장을 심하게 맞아 살가죽이 터지는 고통 속에서도 둘 사이의 육체관계를 부인했다.

신숙주가 이들의 꼴이 말이 아니었는지 혀를 찼다. 그리고 건의했다.

"이들이 끝까지 혐의를 부인하고 또 사실을 밝힐 수도 없습니다. 대비라는 여종이 사사로운 감정으로 모함했을 수도 있습니다. 그러니 국문을 그만 중지

하는 것이 좋겠습니다."

마침내 이들은 풀려났다.

그 후로 초요갱은 역사 속으로 사라졌다. 그녀의 인생을 간략히 요약하자면 이렇다.

바람결엔지 권력결엔지 휘휘 휘늘어지게 춤을 춘 해어화.

그 이름은,

초~요~갱~.

4 소춘풍

봄바람에 흘린 미소,
고래 등이 터지고

기녀 스캔들 메이커

서울로 가고 싶은 또 하나의 기생

성종 임금 시절 함경도 영흥 지방에 소춘풍(笑春風)이라는 기녀가 있었다.

'눈웃음치는 봄바람'이라는 뜻을 지닌 기생! 아마도 봄바람이 눈을 녹이 듯, 그녀의 눈웃음이 일품이었나 보다. 아무리 의지가 강한 남성일지라도 마음이 녹지 않는 이가 없었을 테니까.

봄날이 왔다. 남쪽에서 올라오던 개나리꽃이며 진달래꽃도 활짝 폈다. 소춘풍은 그런 꽃소식이 오는 날이면 온몸이 근질거렸다. 이 지긋지긋한 시골구석을 벗어나야지. 얼른 서울로 갈 수만 있다면. 소춘풍은 하루빨리 함경도 변방을 떠나 화려한 서울로 입성하여 재주를 뽐낼 수 있기만을 고대했다.

밤낮으로 노래를 연습했고 춤 솜씨를 갈고 닦았다. 그녀의 재주가 소문이 났고, 마침내 그녀는 선상기(選上妓)가 되어 서울로 올라가게 되었다.

능숙한 가무에다 한 미모까지!

초요갱의 실수는 되풀이하고 싶지 않아

서울에 뽑혀온 소춘풍은 전악서에 소속되어 국가나 조정의 행사에 동원되곤 했다.

당시 소춘풍은 세조 때 서울 장안을 뒤집어 놓았던 평양 기생 초요갱의 스캔들을 모를 리가 없었다. 그리고 초요갱이 앞날을 멀리 내다보지 못하고 당장 눈앞의 권력자들을 의지했다가 번번이 좌절하고 말았다는 이야기도 풍문으로 들었다.

타산지석(他山之石)!

자칫 잘못하다간 초요갱 꼴이 될 판이다. 소춘풍은 다짐하고 또 다짐했다. 초요갱의 실패를 거울삼아 내 인생은 잘 풀어낼 거라고. 양반 권력자들에게 휘둘리지도 않겠다고.

나는 누구 편에도 서지 않고 어떤 권력자와도 적당하게 거리를 유지해야지. 내가 누구야, 소춘풍이 아닌가. 이름값을 해야지, 이름값을…….

어느새 그 다짐을 시험하는 날은 오고

당시 성종은 풍성한 음식과 술을 장만하고 기생들을 대동하여 여러 신하에게 잔치를 베풀곤 했다. 그 어느 날. 그날따라 많은 기생들 중에 소춘풍이 성종의 눈에 뜨였다. 성종은 그녀에게 말했다.

네가 원하는 이에게 잔을 올리라.

그녀는 금잔에 술을 부어 들고 잠깐 머뭇거리더니 재치 있게 영의정

앞에 나아가서 잔을 들고 노래를 불렀다.

태평성대로다. 어즈버 태평연월(太平烟月)이로다.
격양가 드높으니 이 아니 성세(聖世)런가.
순임금 계시지만 요임금이 내 님인가 하노라.

요(堯) 임금은 중국의 '삼황오제(三皇五帝)'의 신화에서 오제(五帝) 즉 나라를 잘 다스린 다섯 군주 중에 하나다. 요임금이 통치를 잘해서 백성들이 당시에 태평 시절을 즐거워하며 노래를 불렀다는데, 그 노래가 바로 '격양가'다. 그런 요임금의 다음 임금이 순임금이다. 요임금은 순의 자질을 시험한 후에 그에게 왕위를 물려주었다고 한다. 순임금도 나라를 잘 다스려서, 후대 사람들이 요임금과 순임금이 통치했던 태평성대를 요순시대라고 불렀다.

소춘풍은 조선의 성종 임금이 다스리는 당시를 중국 요임금 시절의 태평성대에 비유하고, 곳곳에서 격양가(擊壤歌)가 울려 퍼지고 있다고 노래했다. 더욱이 그녀는 요임금과 순임금을 붙여서 요순이라고들 하던 당시의 언어 관습에 안주하지 않고 두 임금을 따로 격리하여 순임금도 있지만 요임금이 자신의 임이라고 노래했다. 이는 순임금의 인재를 알아본 장본인이 요임금이니 그가 더 훌륭하다는 것이다. 바로 그런 요임금과 같은 성종 임금이 소춘풍 자신의 임이라고 노래를 불렀던 것이다.

격양가(擊壤歌): 중국의 요임금 때에 농부가 태평한 생활을 즐거워하여 불렀다는 노래.

이에 성종 임금은 물론이고 영의정을 비롯하여 많은 신하들이 기뻐하지 않을 수 없었다. 성종이 요임금과 같은 임금이면, 신하들은 그런 성군을 보좌하는 훌륭한 신하들이 아닌가. 예나 지금이나 비위를 맞추는 말을 듣고 기뻐하지 않는 이가 드물다. 영의정은 소춘풍이 올린 술잔을 냉큼 한숨에 들이키고 빈 잔을 되돌려 주었다.

많은 신하들의 시선이 소춘풍의 섬섬옥수에 쥐어진 술잔으로 향했다. 누구에게 그 술잔이 갈 것인가. 다들 숨을 죽였다.

그때 병조판서는 이렇게 생각했다. 영의정이 문신으로서 술잔을 받았으니, 이제 무신의 수장격인 나에게 술잔이 오겠지.

그러나 소춘풍은 병조판서를 지나치더니 대제학에게로 향해 가서 그 술잔을 올리면서 다음과 같이 노래했다.

당우(唐虞)를 어제 본 듯 한당송(漢唐宋) 오늘 본 듯
통고금(通古今) 달사리(達事理)하는 명철사(明哲士)를 어떻다고
저 설띄 역력(歷歷)히 모르는 무부(武夫)를 어이 좇으리

소춘풍은 그렇게 노래를 부르더니, 두 손은 공손하게 술잔을 받쳐 들고 대제학을 향했고, 두 눈은 병조판서 쪽을 흘끗 쳐다보면서 내리깔았다. 순간 문신들 쪽에서 웃음이 터져 나왔다.

왜 그랬을까? '당우(唐虞)'는 덕으로 백성을 다스리던 중국의 요순시대를 뜻하고, '한당송(漢唐宋)'은 중국 문화의 바탕을 이룬 한나라, 당나라, 송나라를 뜻한다. '통고금(通古今)'은 '옛날부터 오늘까지를 달통한'이라는 뜻이고 '달사리(達事理)'는 '사물의 이치를 통달한'이라는 뜻이

다. 이 둘을 합친 '통고금 달사리'는 '옛날부터 오늘날까지 사리를 통달했다'는 뜻이다. '명철사(明哲士)'는 명석한 선비를 뜻한다. '제 설 데 모르는'의 뜻은 '자기가 설야 할 곳을 모르는'이라는 뜻이고, 무부(武夫)는 무인 즉 무반들을 뜻한다.

위 시조의 뜻인즉, 지금은 태평 시절인데 옛날부터 오늘날까지 사리를 통달한 문인 엘리트를 놔두고 어찌하여 자기가 서 있을 곳도 모르는 저런 무식한 무인들에게 가겠느냐는 것이다. 그러니 문신들이 웃을 수밖에.

하지만 그것도 잠시, 병조판서의 안색이 파랗게 변했고, 무관들 쪽의 분위기가 갑자기 싸늘해졌다. 적막이 흘렀다. 문신들도 더 웃을 수가 없었다. 대제학도 소춘풍이 올린 술잔을 겨우 비우고 소춘풍에게 빈 술잔을 돌려주었다.

소춘풍이 얼굴에 살짝 웃음을 머금은 채 그 술잔을 냉큼 받아들고 병조판서 쪽으로 나아가 이렇게 노래를 불렀다.

전언(前言)은 희지이(戱之耳)라 내 말씀 허물 마오
문무일체(文武一體)인 줄 나도 잠간(暫間) 아옵거니
두어라 규규무부(赳糾武夫)를 아니 좇고 어이리

이 노래의 뜻은 "앞엣 말은 농담이니, 내 노래에서 꼬투리를 잡지 마오. 문신이든 무관이든 다들 같은 신하들임을 나도 아는데, 무관을 어찌 아니 좇겠는가."라는 것이다.

그러자 무신들의 얼굴에 화색이 돌았다. 과연 소춘풍은 자신의 이름값을 거뜬하게 해낸 것이다. 그리고는 소춘풍은 노래를 계속하여 불렀다.

제(齊)도 대국(大國)이오 초(楚)도 역대국(亦大國)이라
조그만 등국(藤國)이 간어제초(間於齊楚) 했으니
두어라 이 다 좋으니 사제사초(事齊事楚) 하리라

"제나라도 큰 나라요, 초나라도 또한 큰 나라다. 조그마한 등나라가 제나라와 초나라 사이에 있다. 큰 두 나라가 다 좋으니, 제나라를 섬기고 또한 초나라를 섬기리라."라는 뜻이다.

소춘풍은 이 노래에서 자신을 '조그만 등국'에 비유했다. 다시 풀어보면, "문신도 큰 신하요 무신도 큰 신하인데, 보잘 것 없는 나 소춘풍이 문신과 무신 사이에 끼어 있다. 나로서는 문신이나 무신, 이 둘이 다 좋으니 문신도 섬기고 무신도 섬기리라."라는 뜻이었다.

이에 문신과 무신들이 모두 소춘풍의 재치에 놀랐다. 성종 임금이 크게 기뻐하면서 소춘풍에게 고급 비단, 호랑이 가죽, 후추 등의 귀중품을 상으로 내려주었다. 그 양이 얼마나 많았는지 소춘풍의 힘으로는 혼자 다 운반할 수 없어서, 장사들이 날라다 주었다. 이로부터 소춘풍의 명성이 조선 천지에 가득하게 되었다.

당시에 많은 신하들은 자신의 권력을 내세워 기생들을 차지하고자 했다. 소춘풍은 그런 권력자의 손아귀에서 벗어날 수 없는 기생의 처

지를 익히 알고 있었고 그런 사회상을 노래에 실었던 것이다.

그렇지만 소춘풍은 어느 한 사람만을 섬기지 않을 것이라고 노래했다. 어느 한 사람에게 소속될 수 없다는 자신의 심정을 은근히 드러낸 것이다.

선뜻 어떤 사람에게 소속되었다가는 초요갱 신세가 되고 만다. 초요갱과 같은 실수를 되풀이하지 않아야 했다. 그 방책은 바로 자신의 재주를 다하여 권력자들 사이에서 등거리를 유지하는 것이었다.

고래 싸움에 새우 등 터지는 아슬아슬한 순간

당시에 전국 각지에서 뽑혀 올라온 기녀들의 소속이 전악서(典樂署)였다. 전악서 소속 기녀들은 일 년 중에 봄가을에는 교육을 받았으며 국가 행사에 동원되곤 했다. 물론 더운 여름이나 추운 겨울에는 교육이 없어서 특별히 부르지 않는 한, 전악서에 나가지 않았다.

전악서(典樂署): 장악기관의 하나. 음악에 관한 일을 맡아보던 관아로, 연산군 때에 장악원(掌樂院)으로 고쳤다.

그렇다고 그 기생들이 먹고 자는 문제를 궁궐에서 해결하지는 못했다. 그 기녀들은 대개 서울 장안의 벼슬아치 집에 머물면서 숙식을 해결했다.

소춘풍은 당시 선전관(宣傳官) 김윤손의 집에 머물렀다. 그때 소춘풍은 김윤손의 눈에 들었다. 소춘풍은 그의 집에서 머물러 있으면서 장악원에서 실시하는 음악 교육과 조정의 여러 행사에 동원되곤 했다. 소춘풍은 법적으로는 나라의 소유이지만 사회 풍속으로 볼 때에 김윤

선전관(宣傳官): 임금이 행차할 때 훈도(訓導) 임무를 맡던 무관. 장차 무반의 중추가 될 인재였다.

손의 기첩이 된 셈이다.

그러던 어느 날 영천군 이정이 소춘풍을 보고 반했다. 그리하여 김윤손 집에 거처하던 소춘풍을 자신의 집으로 데려갔다. 이렇게 되면 소춘풍은 이정의 기생첩이 되는 것이다. 물론 소춘풍이 법적으로 나라의 소유라는 점은 불변이다.

김윤손은 영천군 이정의 집을 찾아가 때려 부수고 소춘풍을 데려오고 싶었다. 하지만 이정은 왕실의 종친이 아닌가? 자칫 물의를 일으켰다가 오히려 자신이 궁지에 몰릴 가능성이 컸다.

김윤손은 때를 보아, 소춘풍에게 기별해서 몰래 만나자고 했다. 소춘풍은 고민에 휩싸였다. 정말이지 아슬아슬한 순간이었다. 김윤손의 말을 듣지 않고 이정에게 고자질했다가 어찌될 것인가, 그렇다고 김윤손의 청을 들어주자니 그것도 문제였다.

그래 둘 다 섬기는 등거리 방책을 쓰자. 아무 힘도 없는 나로서는 제나라든 초나라든 섬기면 그만 아닌가?

그래서 김윤손이 나오라고 한 곳으로 갔다. 그리고 그의 품에 안겼다. 하마터면 고래 싸움이 벌어질 판이었고 그 고래 싸움에 새우 등이 터지는 아슬아슬한 순간이었다.

정작 등 터진 것은 고래들

과연 고래 싸움에 새우 등이 터졌을까? 김윤손이 종실인 이정의 기첩과 통정을 했다는 죄목으로 걸려 조정 회의에 올려졌다.

바로 성종16년(1485년) 11월 16일 사헌부에서 다음과 같이 아뢰었다.

> 선전관(宣傳官) 김윤손이 영천군(永川君) 이정(李定)의 집에서 데리고 사는 기생 소춘풍(笑春風)을 불러다가 대낮에 간통했습니다. 이에 김윤손에게 죄를 물어 곤장 1백 대를 치고, 관직을 회수한 후에 귀양을 보내야 합니다.

그때 김윤손은 자신이 먼저 소춘풍을 데리고 살았으니 정상을 참작해 달라고 호소했다. 그러나 해당 관리는 그의 말이 맞는지 조사하기는커녕 그의 말에 귀를 기울이지도 않았다.

그대로 어전 회의에 넘겨졌는데, 한명회를 비롯한 많은 신하들조차 김윤손을 처벌하자는 것에 동의했다. 그때 신하들 중에서 이파(李坡)가 아뢰었다.

> 기생은 본래 일정한 지아비가 없으니, 누가 먼저 그 기생을 차지했고 누가 나중에 그 기생을 차지했다고 하여 선후(先後)를 따질 필요가 없습니다. 다만 문제의 핵심은, 소춘풍이 종친(宗親)의 첩살이를 하고 있는데, 김윤손이 조정 관료로서 종친의 첩과 감히 간통했다는 점에 있습니다. 김윤손을 법으로 조치

하는 것은 적당합니다.

그러나 신중해야 합니다. 왜냐하면 김윤손의 주장대로라면 소춘풍과 정을 통한 것이 김윤손이 먼저이고 영천군이 나중입니다. 그런데 김윤손의 말만 듣고 그 말이 사실인지 아닌지 조사하지 않았으니, 애매합니다.

그래서 곤장을 치고 관직을 회수하되, 먼 지방에 귀양살이하게 하는 것은 면하게 하면 좋을 듯합니다.

이파의 주장은 소춘풍과 관계를 먼저 맺은 사람이 김윤손이든 이정이든 문제의 핵심이 아니라는 것이다. 하지만 소춘풍이 일단 이정의 기첩이 된 후에 김윤손이 그녀를 불러내어 관계를 맺은 것은 죄라고 보았다. 그리고 이파는 한 가지 사정을 봐야 한다고 주장했다. 김윤손의 주장대로 김윤손이 소춘풍과 관계를 맺은 것이 사실이라면, 그 정상을 참작해 달라는 것이다.

그리고 여러 신하들의 의견이 이어진 후, 성종은 다음과 같이 처결했다.

김윤손이 종친(宗親)의 첩을 대낮에 간통한 죄는 용서할 수 없으며 결장(決杖)을 하여도 무방하다. 다만 지금은 추위가 심하니, 장형(杖刑)을 속(贖)바치게 하고 관직을 빼앗아 지방으로 귀양을 보내라.

속(贖)바치다: 죄를 면하기 위하여 돈을 바치다.

이렇게 김윤손은 죄가 감해지지 않고 귀양을 가는 것으로 판결이 났다. 팔은 안으로 굽는다고, 성종은 김윤손보다는 종친의 편을 들었던 것이다.

소춘풍은 무사할 수 있었다. 신하들 앞에서 재치를 부리고 성종에게 큰 상을 받았던 기생이 아니었던가? 천행인지, 아니면 등거리 방책을 쓴 것이 주효했던 탓인지, 소춘풍은 살아남을 수 있었다.

결국 소춘풍을 차지하려다가 피해를 입은 사람은 김윤손이었다. 영천군 이정의 여성 편력이 낱낱이 밝혀졌으니 그 또한 피해를 입은 거나 마찬가지였다. '고래 싸움에 새우 등 터진 것'이 아니라, '새우 때문에 고래 등이 터진 격'이라고나 할까?

권력 있는 신하들에게 마음을 드러내지 않은 소춘풍, 비록 고래 싸움에 새우 등 터지는 처지였지만, 재치 있게 살아남은 새우. 그 새우에게 무기는 바로 살포시 미소 짓는 봄바람이었다.

그녀의

노래와 자태는……

소(笑)~춘(春)~풍(風)~!

☞ 세월 따라 노래 따라 흘러 흘러 일백 년

부북일기(赴北日記): 선조~인조 시절 무과에 급제한 아버지 박계숙(1569~1646)과 아들 박취문(1617~1690)은 흥미롭게도 한 세대 기간의 차이를 두어 각각 약 1년씩 함경도 회령 지역에서 국경 방위 임무를 맡았다. 이들 부자는 당시의 상황을 일기에 적었는데, 아버지의 일기책과 아들의 일기책을 합쳐 놓은 것이 부북일기다.

일당백(一當百): 일인당백. 한 사람이 백 사람을 당해낸다는 뜻으로, 매우 용감함을 이르는 말.

때는 바야흐로 선조38년(1605년) 12월 25일. 성종 임금을 지나 연산군, 중종, 인조, 명종을 거쳐 선조 임금 때다. 세월이 무상하다지만 어느새 100년이 흘렀다.

다음은 『부북일기(赴北日記)』에 실린 내용이다.

함경도 경성 땅.

37세의 박계숙(1569~1646)이 기생 금춘과 마주하고 있었다. 그는 26세 때인 선조27년 임진왜란 중에 무과에 급제했던 장수다. 11년 후 37세 때인 지금, '일당백(一當百)' 장사에 선발되어 국경 수호의 임무를 띠고 함경도 병영으로 향하던 중, 경성 땅에서 잠시 여장을 푼 때였다.

10월 17일 울산 집에서 출발하여, 나흘 후 영천에서 경상도 병마절도사에게 신고를 하고, 조령을 거쳐 서울로 올라가서 10여 일 머무른 뒤, 함흥을 거쳐 경성에 도착했다. 이제 병마절도사가 주둔하던 행영(行營)에 가서 최종 신고를 하면 된다.

박계숙을 포함한 군관은 총 17인이었다. 이들 일행은 새해가 얼마 남지 않았는지라 머나먼 길을 떠난 나그네의 심회가 만 갈래로 나뉘었다. 마침 기생들이 찾아왔는데, 그중에 엊그제 잠깐 얼굴을 마주친 금춘이 박계숙에게 말했다.

"우리들을 비루하다 여기지 않으시기를. 어제 저녁에 도착해보니 많은 손님들이 가득했습니다. 그래서 나으리와는 아무런 이야기도 나누지 못하고 그저

왔다가 그냥 돌아간 꼴이 되고 말았습니다."

금춘과 담소하는 동안 어느새 저녁이 되었다. 박계숙은 정을 억누를 수 없어 노래를 읊었다. 비록 대장부일지라도 마음은 철석(鐵石) 같지 않아서 아름다운 그대와 함께 밤을 지새우고 싶다는 내용의 노래였다. 그러자 금춘이 답가를 불렀다.

당오(唐虞)도 친히 본 듯 한당송(漢唐宋)도 지내신 듯
통고금달사리(通古今達事理) 명철인(明哲人)을 어데 두고
동서(東西)도 미분(未分)한 정부(征夫)를 걸어 무엇하리

이 시조는 일찍이 소춘풍이 서울에서 불렀던 노래였다. 다만 종장에서 '동서도 미분한 정부를 걸어 무엇하리'로 되어 있을 뿐이었다. '동쪽과 서쪽을 구분할 줄 모르는 무인과 인연을 맺어 무엇하겠느냐'는 뜻이다. 소춘풍이 불렀던 시조와 뜻이 달라지지 않았다.

박계숙이 화답했다.

나도 이러하나 낙양성동(洛陽城東) 호접(胡蝶)이로라
왕풍(枉風)에 지불려 여기저기 다니더니
새외(塞外)에 명화일지(名花一枝)에 앉아보려 하노라

이 시조의 뜻인즉, 박계숙 자신은 나비처럼 바람에 날려 여기저기 다니다가 새외(塞外), 즉 변방에 왔다가 이름난 꽃 가지(명화일지: 名花一枝)에 앉아보고 싶다는 것이다. 곧 금춘과 밤을 지새우고 싶다는 뜻의 노래였다.

그러자 금춘이 즉시 화답했다.

> 여아(女兒) 희중사(戲中辭)를 대장부 신청(信聽)마오
> 문무일체(文武一體)어늘 나도 잠깐 아노이다
> 하물며 규규무부(赳赳武夫)를 아니 걸고 어찌리

이 시조의 뜻은 이렇다. "내가 농담으로 한 말을 그대로 믿지 마시오. 문인이든 무인이든 다 같다는 것을 나도 안다오. 그러니 어찌 무인과 사랑을 나누지 않는단 말이오."

이날 밤 박계숙은 금춘과 깊은 사랑을 나누었다.

흥미로운 것은 100년 전에 소춘풍이 성종 앞에서 풍류의 흥을 돕기 위해 불렀던 시조가 경성 지방에서 불리고 있었다는 것이다. 세월 따라 가사가 약간은 바뀌었지만.

소춘풍의 노래가 기생의 입을 타고 전파되어 함경도 경성 땅의 기생 금춘에게로까지 이어진 것이리라. 혹은 소춘풍이 고향 영흥으로 갔다가 거기에 그녀의 노래가 전파되었을 수도 있겠다. 영흥과 경성은 모

두 함경도에 있지 않은가?

특히 눈에 띄는 것은 박계숙과 같은 무인이 노래 중간 중간에 화답하는 노래를 부른 대목이다. 박계숙이 노래를 먼저 하자, 기생 금춘이 소춘풍의 노래로 화답하고, 이에 다시 박계숙이 다른 노래를 부르자, 금춘이 다시 소춘풍의 노래를 이어 부르는 식으로 되어 있지 않은가! 이렇게 100년 전에 소춘풍이 불렀던 노래가 함경도 땅에서 불리고 있었으니, 그것도 남녀 사이에 서로의 정을 주고받는 노래로 말이다.

물론 소춘풍이 노래를 불렀던 때와 달라진 점이 있었다. 소춘풍은 임금 앞에서 재치 있는 노래를 불러 흥을 돋우었다면, 금춘은 박계숙과 흥을 돋우며 잠자리를 준비했던 것이다.

소춘풍인들 알았을까…….

새사람들에게는 흥취를 돋우는 노래가 되었을 것이지만, 그때 그 사람은 간 곳이 없고 노랫가락만이 남아서 세월의 무상함을 느끼게 한다.

5 장녹수, 백견, 전비

팜므 파탈 세 송이

기녀 스캔들 메이커

권력의 비호를 받으며

많은 양반 관료들이 기녀를 좋아했다. 지방의 토호들은 청탁하기 위해 미모의 기녀를 공신의 집에 바치기도 했다. 또한 지방 원님들은 기녀를 바치고 안찰사 등 중앙에서 내려온 상관들에게 불이익을 당하지 않으려 했고, 심지어 자신들의 관직을 높이려고까지 했다.

토호(土豪): 지방에 웅거하여 세력을 떨치던 호족. '지방 세력가', '토박이' 세력가.

공신(功臣): 나라에 특별한 공을 세운 신하.

미모의 기생을 궁중에 들여 자신의 영달을 꾀하려는 자들도 있었다. 예컨대 광해군 때 한 여종이 대궐에 들어가 광해군에게 사랑받은 일이 있었다. 그때 광해군은 그녀의 주인에게 첨사 벼슬을 내려주었다. 광해군이 교방(敎坊)의 여악을 경례가요(慶禮歌謠)라고 부르면서 향락 생활에 빠져들던 때였다.

교방(敎坊): 고려 시대 이후 기녀들을 중심으로 한 가무(歌舞)를 관장하던 기관. 조선 시대 초기에는 관습도감(慣習都監)에서 교방 여기들을 관장했으며, 1897년의 관제개혁 때는 장악원(掌樂院)을 한때 교방사(敎坊司)로 부르기도 했다.

기녀는 각종 청탁에 개입했으며, 정치적 사안이나 재판에도 영향을 미쳤다. 특히 권세 있는 사대부의 기첩들은 사치를 일삼으며 뇌물 청탁, 하급 관직 청탁, 국고 포탈 등에 연루되었다.

다음은 세도를 업은 기녀에 관한 『숙종실록』의 기사다. 1704년(숙종 30년) 무렵이다.

> 요즘 사대부의 집에 관기를 첩으로 삼은 자가 많다. …… 뇌물로 청탁하는 무리가 그 문에 메어졌다. …… 여러 첩의 형제가 연줄을 타서 이익을 노려 태복시(太僕寺)의 둔전곡(屯田穀) 대부분이 매매 문서에 올라 매매되었다.

왕의 총애를 받는 경우에 기녀의 위세는 더했다. 연산9년 갑자사화를 전후로 하여 연산12년 폐위되었을 때까지, 2년 남짓 기간 동안 그 위세가 가장 셌다.

연산군은 기녀의 호칭을 운평(運平)으로 바꾸고, 팔도 고을마다 운평을 두게 했으며 '채홍준체찰사'라는 직책을 두어 전국 각지에서 미녀와 양마를 뽑아오도록 했다. 어린 소녀를 뽑아오는 자를 '채청사(採靑使)'라고 했다.

채홍준체찰사(採紅駿體察使): 연산군 때에, 아름다운 처녀와 좋은 말을 구하려고 지방에 보내던 벼슬아치. 줄여서 '채홍준사'라고 한다.

운평 중에서 임금이 거처하는 대전의 안으로 들인 자를 홍청, 가홍청, 계평, 채홍, 속홍, 부화, 흡려 따위로 불렀다. 운평을 위해 7원 3각을 두었다. 7원은 연방원, 사방원, 취홍원, 취춘원, 함방원, 뇌영원, 진향원이고, 3각은 회사각, 채하각, 청환각이다.

연방원은 장악원을 개칭한 것이다. 여기에서 전국의 기녀를 뽑아 올리게 했다. 취홍원은 홍청들이 거처하는 곳으로 숙장문(肅章門) 안에 있었다. 홍청 2인에 방자 1명을 정해주었다. 함방원은 의성위의 집이었고, 뇌영원은 제안대군의 집이었으며, 진향원은 견성군의 집이었다. 이 세 곳은 본래 종친들의 집이었는데, 강제로 빼앗아 기녀들의 거처로 삼은 곳이다.

숙장문(肅章門): 창덕궁 인정전의 정문인 인정문 동쪽에 있던 문.

회사각은 본래 자수궁(慈壽宮)으로 연산과 가까운 기녀들을 거처하게 했다. 청환각은 기녀의 질병을 치료하는 곳이다. 기생들과 악사들의 수용 및 관리 운용에 소요되는 물품과 비용은 각 도에 할당하여 징수했는데, 이를 위하여 호화고(護花庫)라는 특별 재정 기구를 설치하기도 했다. 운평이 입는 의복을 아상복이라 칭했다.

자수궁(慈壽宮): 1616년(광해군8년)에 풍수지리설에 따라 인왕산의 기를 누르기 위해 지은 궁궐. 1623년(인조1년)에 헐렸다.

그중에서 홍청은 최상의 기녀였다. 홍청에도 세 등급이 있었다.

첫째, 천과홍청(天科興淸)

연산과 육체적인 관계를 맺고 연산의 사랑을 받은 홍청.

둘째, 반천과홍청(半天科興淸)

연산의 사랑을 받되 흡족하게 받지 못한 홍청.

셋째, 지과홍청(地科興淸)

홍청에 들긴 하나 격이 가장 낮은 홍청.

홍청의 이름, 생년, 본적 등을 『장화록(藏花錄)』에 기재했다. 홍청에게 어린 자식이 있으면 장악원 관원이 홍청을 맡았다가 자식이 자란 뒤에 다시 홍청악에 들어오게 했다. 또 홍청과 지아비의 관계를 끊기 위해 그동안 지아비가 장만해 주던 물품을 홍청의 부모, 오라비, 언니를 비롯하여 백부나 숙부가 담당하게 했다.

이런 상황에서 홍청의 권세는 하늘을 찌를 듯했다. 다음은 『연산군일기』 1505년(연산11년) 때의 기사다.

이계산의 진주를 받아들이고 관가의 면포로 값을 두 배로 쳐서 주게 했다. 그때 큰 장사치가 홍청에게 많은 뇌물을 주고 진기하고 보배로운 물건을 하루도 빠짐없이 바쳐서 이익을 만 배로 거두니, 국고가 고갈했다.

소로(少老)가 들인 진주 3,200개와 몽민(夢民)이 들인 진주 4,800개를 호조에 명하여 값을 주게 하라고 했다. 큰 장사치들이 홍청에게 많은 뇌물을 써서 주옥을 납품하고 값을 백배나 받아내므로 창고가 텅 비었다.

홍청에게 뇌물을 주고 진주 거래를 튼 상인들은 마음 놓고 몇 배의 폭리를 취했으며, 이로써 국가재정이 고갈 상태에 이를 정도였다.

홍청과 짜고 홍청의 친척이라고 꾸미고 무역을 하여 이익을 챙기는 자들도 있었다. 홍청과 결탁한 시정 상인이 여러 물품을 사들인 후, 각 고을 수령을 시켜 백성에게 분배하게 하고 몇 갑절의 이익을 취했다. 그 물품을 수령들에게 강제로 할당하여 팔기도 해서 수령들은 부득이 그 값을 대기 위해 백성을 침탈해야만 하는 경우도 있었다.

또한 홍청이 마음에 드는 집을 찍으면, 왕이 호조에 명하여 그 집을 강제로 사들여 홍청에게 하사했다. 홍청이 도성 안의 큰 집을 골라 그 명패를 써서 바깥문에 붙이고 주인을 내쫓으면, 사대부라도 제 재산을 제대로 챙기지 못하고 쫓겨나는 일이 많았다. 심지어 홍청의 하인들이 홍청의 권세를 믿고 집주인을 내쫓았으며, 집주인들 중에는 내쫓기지 않기 위해 뇌물을 바치는 자들도 있었다.

그런 와중에 홍청과 연줄을 대고 간악한 짓을 하는 이들도 있었다. 무뢰한 부랑배들이 궁인에게 많은 뇌물을 주고 홍청의 친척이라고 짜고 위세를 부리기도 했는데, 그때 억울한 일을 당한 자들이 감히 관가에 고소할 수 없었다.

연산군의 한과 욕망

연산은 어머니 폐비 윤씨(廢妃尹氏)가 죽임을 당한 것을 알고, 그 원수를 갚기 위해 모진 일들을 서슴지 않고 저질렀다.

『성조실록』에 따르면, 어머니 폐비 윤씨는 성질이 모질고 질투를 잘 했다고 한다. 정희왕후, 소혜왕후, 안순왕후가 윤씨에게 밤낮으로 훈계했으나, 윤씨의 성품은 좋아지지 않았고 오히려 악행이 날로 심해졌다고 한다. 윤씨를 폐위한 쪽의 기록이라면 한쪽으로 치우친 견해일 것이다. 어쨌든 남편 성종은 할 수 없이 종묘에 아뢰고 왕비를 폐했다. 윤씨는 사약을 받았다.

나중에 연산은 성장하여 그 사실을 알게 되는데 마치 어머니의 원한을 풀듯 권력을 행사하고 육욕적인 생활에 탐닉했다. 연산은 이렇게 말했다.

> 사안(謝安)은 신하인데도 동산에서 기생을 데리고 놀았다. 하물며 임금이 그만 못하랴?

사안은 중국 동진(東晉) 시대의 신하로 그가 벼슬하기 전에 동산에서 기녀를 데리고 놀았다는 일화가 있다. 연산은 그 일화를 들이댄 것이다. 중국의 신하가 기녀를 대동하여 즐겼다면, 일국의 왕인 연산이 기녀와 즐기는 것은 전혀 문제가 되지 않는다는 말이다.

한편으로 이 말에는 가시가 돋쳐 있다. 중국 사안을 들이대지 않더라도, 당시 조선의 관료들을 비롯하여 유생들, 양반들이 전국 곳곳에서 기녀를 대동하여 풍류를 즐기고 있으니, 왕인들 어찌 즐기지 않을 수 있겠느냐는 것이다. 어느 신하가 연산에게 항변할 수 있었을까?

또한 연산은 당 현종의 이원제자(梨園弟子)를 언급했다.

> 당 현종이 이원(梨園)에 제자(弟子)를 두었으나 50년이 넘도록 나라를 지켰다. 대저 나라의 치란이란 군자와 소인의 진퇴에 있는 것이요, 처음부터 여색에 있는 것이 아니니, 만약 군자를 진출시키고 소인을 물리치며 형벌을 감소시키고 국경을 안정시킨다면 분명코 태평한 세대를 이룰 수 있다.

'이원제자를 두었다'는 말은 '기녀들을 교육하는 기관을 두었다'는 말이다. 나라를 다스리는 일은 군자를 등용하고 소인을 배척하는 데에 있는 것이지 여색과 무관하다는 논리를 펴면서, 공개적으로 기녀를 육성하는 것을 합리화하고자 했다. 연산군은 기녀 제도를 중국 당나라의 현종의 수준까지 올려놓고 싶었던 것이다.

권력의 휘하에서 비위를 맞추며 맞장구치는 사람들이 있는 법. 이에 대표적인 신하를 꼽는다면, 장악원 제조(掌樂院 提調) 이계동과 임숭재가 있다. '장악원'이라면 기녀를 총괄하는 부서이고, '제조'는 실무를 담당하는 수장이다. 미모가 빼어난 기녀들을 전국에서 서울 궁 안으로 뽑아 들였는데, 그 수효가 처음에는 백 명 정도였으나 나중에는 천 명이 넘었다.

그즈음 연산은 향락 생활을 위해 건축물을 여기저기에 만들어 댔다. 창덕궁 후원에 서총대는 높이가 수십 길이며 넓기도 높이와 걸맞을 정도였으며, 그 아래 판 연못은 해를 넘겨도 공사를 마치지 못했을 정도로 규모가 컸다. 또 임진강 가 석벽 위에 별관을 지어 노는 장소를 만들었는데, 빙 두른 방이 강물을 내려다보는 형상을 이루었으며 매우 사치스러웠다.

대비를 위해 연회를 베풀어 주기도 했는데 실제로는 어머니가 억울하게 죽은 것에 대한 분풀이였다. 당시 대비의 거처가 경복궁이었다.

경회루 연못에 배들을 가져다가 연결하고 그 위에 판자를 깔아 평지처럼 만들고 오색 비단 장막을 늘어뜨린 무대를 설치했다. 바다에 있는 삼신산을 상징하여 가운데는 만세산, 왼쪽엔 영충산, 오른쪽엔 진사산을 만들었다. 연못 가운데에 비단을 잘라 꽃을 만들어 줄줄이 심고 용주화함(龍舟畫艦)을 띄워 휘황찬란하게 비쳤다.

그런데 왼쪽 산에는 조정에 있는 선비들이 득의양양한 모양을, 오른쪽에는 귀양을 간 사람들이 근심스럽고 괴로워하는 모양을 만들었다.

이러한 형상에는 연산의 뜻이 서려 있는 듯했다.

내 말을 잘 들으면 나와 함께 즐겁게 즐길 수 있을 것이다. 만약 내 말을 듣지 않으면 저렇게 귀양을 간 사람들처럼 고통에 빠지게 될 것이야.

연산군이 총애한 여걸 3인방

기녀 출신으로서 연산의 총애를 많이 받은 자로 백견(白犬), 전비(田非), 장록수(張綠水)가 있었다. 백견은 숙화(淑華)에 봉해졌고, 전비와 장록수는 각각 숙원(淑媛), 소용(昭容)에 봉해졌다가 후궁에 올랐다.

이들은 연산의 총애를 극진히 받은 여걸 3인방이라 할 만하다.

백견

백견은 나주 기녀 출신. 아비는 김소부리(金小夫里)인데 나주의 노비였다. 백견은 연산의 특별한 총애를 받아 천과흥청이 되어 이름을 의춘도(倚春桃)라 했다.

연산은 전라도관찰사에게 명령하여 백견의 부모에게 논 50결, 밭 30일 갈이를 주라고 했다. 물론 백견의 부모가 마음대로 골라잡게 했다. 백견의 집 빈터에 울타리를 친 자가 있었다. 연산은 그들을 잡아들여 목에 칼을 씌우고 손을 묶고 발에 쇠고랑을 채우도록 했다.

또한 백견은 강령부정 이기의 집을 차지하고자 하여 술수를 부렸다. 이기에게 금음동이라는 종이 있는데, 그 종이 얼토당토 않는 말로 백견을 꾸짖었다고 모함한 것이다. 이에 연산은 이기의 집을 폐쇄하고 그의 노비를 전부 잡아들였으며, 이기의 부모, 처자, 형제, 장인까지 모조리 옥에 가두어버렸다.

또한 백견의 언니를 첩으로 둔 김문경은 목사 직위에 물망이 오르기도 했다. 그때 연산은 김문경에게 목사직을 내려도 되는지, 나라 어느 곳에 목사 자리가 비어 있는지를 조사하여 아뢰게 했다.

백견이 서울로 올라오면서 아비 김소부리까지 서울에 와서 살았다. 그가 나주로 내려갈 때엔 연산은 해당 부서에 말을 지급하라고 명령했다. 전라도 고을마다 그를 맞이하고 전송할 때에 공경하게 대했다. 김소부리는 수령과 마주 앉아 술잔을 주고받기까지 했을 정도다. 소부리는 딸이 연산의 총애를 독차지함을 믿고 교만 방자하게 행동했다.

백견의 위세를 믿고 백견의 종마저 악행을 일삼았다. 종들에게 토지와 노비, 문권(文券)을 빼앗긴 자들이 많았으며, 특히 진도에서는 백견의 종들이 주민들의 재산과 문서를 빼앗은 경우도 허다했다. 훗날 중종반정 후에 빼앗은 재산을 본래의 주인에게 돌려주기 위한 조처가 행해졌다.

문권(文券): 땅이나 집 따위의 소유권이나 그 밖의 권리를 증명하는 문서.

전비

서거정(徐居正)이 첩에게서 낳은 아들 서복경이 있었다. 복경의 어미는 비록 양민 신분이었지만 첩이어서 복경의 출세 길이 그다지 잘 열리지 않았다. 그는 전비에게 뇌물을 주고 벼슬길을 얻을 수 있었다. 처음에는 의영고영에 제수되었다가 후에는 낙안군수로 자리를 옮겼다.

이장길(李長吉)은 의성현령 시절에 전비에게 많은 금과 비단, 토지와 종을 뇌물로 주고 군자감 부정으로 승진했다. 잡다한 서얼(庶孼)과 미천한 사람들도 너도나도 뇌물을 받치고 모두들 한 자리씩 하게 되었다.

전비에게 외삼촌 전동(田同)이 있었다. 그는 전비의 위세를 업고 백성들을 약탈하고 사대부 집의 전답과 노비를 빼앗기도 했다. 그가 지방으로 내려갈 때에는 수령들이 흠 잡힐까 두려워하며, 자기들 집으로 데려가 풍성하게 접대했다. 강음현감 이의영은 전동에게 잘 보이고자

하여 노래하며 춤추는 등 추태를 부렸는데, 전동이 크게 기뻐하여 따라서 춤추며 손을 잡고 즐겼다. 전동이 어버이 묘가 있는 장단 고을로 갈 때 연산은 경기감사에게 제수를 갖추어 전동에게 주도록 명령했다.

직방(直房): 조정의 신하들이 조회 시간을 기다리며 쉬던 방.

승지 조계형이 전동을 직방(直房)으로 맞아 들여 친하게 대하며 정성을 다해 술자리 베풀어 주었다. 당시 사람들은 계형을 임사홍의 심부름꾼이며 전비의 가신(家臣)이라고 비꼬았다.

형추(刑推): 죄인의 정강이를 때리며 캐물음.

> 장녹수의 종 만석・귀동, 전비 종 중산, 백견의 종 말응삭 등은 전일에 기세를 믿고 남의 집 재산을 빼앗기도 하고 사람을 때려 다치게 하기도 하는 등, 의롭지 못한 일을 자행했으니, 형추(刑推)하여 허물을 가려내소서.

중종 반정 후에 장녹수, 전비, 백견은 물론이고 종들까지 모두 처벌되었다.

상류층 생활을 동경한 장녹수

부친은 장한필이다. 1469년(예종1년) 병과 4위로 합격했으며, 1488년(성종19년)에 충청도 문의현감 직을 맡고 있었다. 1490년(성종21년)에 장한필의 직첩을 돌려주라는 명이 내린 것으로 보아, 그 전에 파직을 당했던 듯하다.

어미는 천민으로 보인다. 녹수는 제안대군의 노비를 남편으로 두었다. 그녀의 언니 장복수도 여종이었다. 이로 보아 녹수의 어미가 천민 신분이었을 것으로 보인다.

녹수는 집이 가난하여 몸을 팔아서 생활을 했으며, 그러는 동안 여러 남편을 두었다. 그러나 장녹수는 천민으로 한평생을 산다는 것은 도저히 받아들일 수 없었다. 풍류랑 제안대군의 모습을 보면서, 상류층 생활을 동경했을 것으로 보인다.

제안대군은 누구인가?

예종 임금의 둘째 아들이다. 모친은 안순왕후 한씨다. 1470년(성종1년) 제안대군에 봉해지고, 1483년 평원대군에게 입양되었다. 그는 노래 부르기를 즐겼고, 사죽관현(絲竹管絃)도 잘 다루는 풍류랑이었다. 하지만 1498년(연산4년) 모후(母后)의 상을 치른 뒤에는 평생 여색을 멀리했다고 한다.

평원대군(1427~1445): 세종의 일곱째 아들. 아들 없이 일찍 세상을 떴다. 기녀 초요갱과 연분을 맺었다.

사죽관현(絲竹管絃): 관악기와 현악기를 아울러 이르는 말. 사죽(絲竹)과 관현(管絃)은 같은 말.

장녹수는 제안대군 집의 남종과 살면서 아들 하나를 낳았다. 그것이 그녀의 발목을 잡을 수는 없었다. 남편이란 것도, 아들이란 것도 평생을 서럽게 살아야 하는 천민이 아니던가.

이러한 제안대군 집의 분위기에 녹아 있는 상류층의 호사스러운 삶을 보면서 장녹수는 자신의 천한 처지를 벗어나고 싶은 강한 욕망이 일었을 것은 당연지사. 천민의 아낙으로 살아가느니, 차라리 내가 원하는 남자를 골라 풍요롭게, 그리고 권력도 누리며 살기를 꿈꾸었다.

기녀의 삶을 택하다

그렇다면 가능한 길이 하나 있었다. 그것은 기가(妓家)에 몸을 담는 것! 평소 한번 들은 노래는 곡조를 잊지 않고 잘 따라 부를 수 있었으니, 그리 어려울 것도 없었다. 드디어 기생이 되어 노래도 배우고 춤도 배웠다. 얼마나 노래를 잘 불렀던지 입술을 제대로 벌리지 않아도 노랫가락이 맑게 울려 퍼졌다고 한다.

미색은 중간 정도에 불과했다. 하지만 서른 살이 넘어서도 얼굴은 열여섯 살로 보이는 동안이었다. 게다가 그녀는 성품이 영리하여 사람의 뜻을 잘 헤아렸다. 더욱이 요사스럽게 떠는 아양은 어느 누구도 뒤따를 수 없었다.

기녀 시절 장녹수는 여러 남성들과 교류했다. 그 가운데 대표적인 인물이 임숭재였다. 임숭재(任崇載: ?~1505)는 성종의 딸 혜신옹주와 결혼하여 부마가 된 뒤, 연산의 신임을 받았다. 임숭재는 원래 간악하고 교활하기가 아버지 임희재보다 심했다. 연산군의 속마음까지 꿰뚫어보고 연산군의 입맛에 맞게 처신했다. 연산군은 임숭재의 집 둘레에 있는 가옥 40여 채를 헐어내고 담을 쌓아 창덕궁과 맞닿게 하고, 늘 거기에 가서 술 마시고 노래하면서 밤을 새웠다. 임숭재는 노래를 잘하고 춤을 잘 추었다. 특히 처용무(處容舞)를 잘 추었다.

처용무(處容舞): 궁중의 연희 때와 세모(歲暮)에 역귀를 쫓는 의식 뒤에 추던 향악의 춤. 파랑·노랑·빨강·하양·검정의 옷을 입은 다섯 무동이 각기 처용의 탈을 쓰고 다섯 방위로 벌여 서서 춤을 춘다. 2009년에 유네스코 세계 무형 유산으로 지정되었다. 중요 무형 문화재 제39호.

장녹수가 권세 있는 부마 임숭재와의 교류를 거절할 이유가 없었다. 장녹수와 임숭재는 서로 육체적인 관계를 맺기에 이른다.

연산을 품다

그즈음에 장녹수가 연산의 눈에 띄게 된다. 장녹수는 자신의 운명을 송두리째 바꿔 놓을 기회를 맞는다. 그녀는 모든 것을 걸었다. 그동안 갈고 닦았던 노래, 춤, 그리고 온갖 교태와 아양.

'임금의 품에 안길 수 있다면, 아니, 임금을 내 품에 안을 수 있다면.'

종놈의 아내에서 기녀로 전향하여 이 남자 저 남자의 품에 안겼던 장녹수, 지금 왕이 눈앞에 어른거리는 것이었다.

드디어 그 꿈은 이루어졌다. 1502년(연산8년) 3월 즈음에 장녹수는 연산에 의해 숙원(淑媛)에 봉해졌다. 숙원이라면 내명부 종4품에 해당한다.

내명부(內命婦): 궁중에서 품계를 받은 여인을 통틀어 이르는 말. 빈, 귀인, 소의, 숙의, 소용, 숙용, 소원, 숙원, 상궁 따위.

연산은 조정 회의에서 갑자기 물었다.

"장한필은 어느 때의 관료인가?"

"문과 출신으로서 신이 무신년(1488년: 성종19년)에 경차관으로 충청도에 갔을 때 문의현령이었습니다."

승지 이자건의 대답이었다. 연산은 장한필의 내력을 보고하라고 명령을 내렸다. 이듬해 1503년(연산9년)에 연산은 장녹수를 종3품 숙용(淑容)으로 한 등급을 올렸다.

임숭재의 활약, 아비 임사홍의 활로

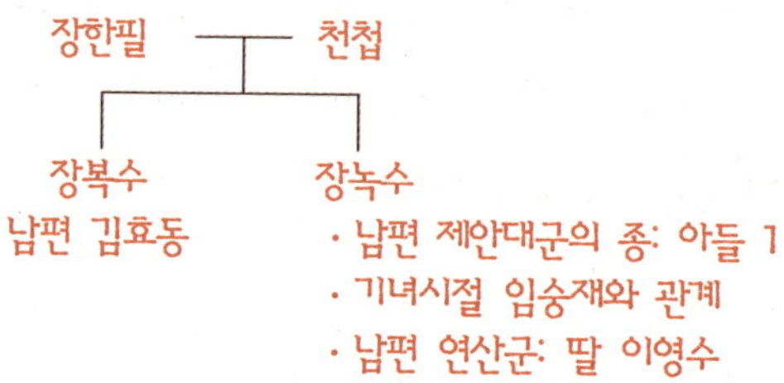

장녹수의 정인(情人) 임숭재는 점차 위기가 닥쳐옴을 직감했다. 장녹수가 연산의 총애를 받게 되자, 임숭재는 예전에 장녹수와 육체관계를 맺은 것이 탄로 날까 봐 전전긍긍했고, 결국 몰래 장녹수를 찾아가 신신당부하게 된다.

"만약 지난날 그대와 나의 행적에 대해 묻는 말이 나오거든, 나의 형인 임희재와 관계를 맺은 것이라고 대답해주오. 그러면 왕은 반드시 나를 믿고 시기하지 않을 것이며, 그대 또한 좋을 것이오."

예전과는 달리 임숭재는 장녹수에게 반말을 하지 못하고 조심스럽게 말문을 열었다. 장녹수는 조용히 듣고만 있었다.

'네 놈도 별것이 아니구나. 권력이란 게 이리도 무서운 것이로군.'

"호호호, 알았소. 옛 정을 생각해서 그리하오리다."

연산은 재위 10년에 임희재(任熙載: 1472~1504)를 제거하기에 이른다. 임희재는 아비 임사홍과 동생 임숭재와는 달리, 김종직의 문인으로서 올곧은 학자였는데, 갑자사화 때 연산군을 비방했다는 이유로 처형되었다.

거기에는 또 다른 이유도 있었다. 임숭재는 장녹수에게 거짓말을 시키지 않았던가? 장녹수의 정인이 임숭재가 아니라 형 임희재라고 꾸며

대게 했는데, 아마도 적중한 것으로 보인다.

임희재가 죽던 날, 그의 부친 임사홍은 큰아들이 죽는 것을 알면서도 태연자약하게 평일과 다름이 없이 그의 집에서 연회를 베풀고 고기를 먹으며 풍악을 울렸다. 연산이 사람을 시켜 이를 엿보고는 임사홍을 더욱 신임하고 한결같이 그의 계교를 따랐다.

인간이 인간이기를 포기했을 때, 형과 아우도 없고 아비와 아들도 없다. 거기에는 살기 위해서 몸부림치는 동물적 본능만이 번뜩인다.

임희재와 임숭재의 아비인 임사홍은 누구인가?

임사홍은 성종 임금 시절 죄를 얻어 등용되지 못했다. 연산 때에 둘째 아들 임숭재가 부마(駙馬)가 되어 임금의 총애를 얻게 되자, 그 연줄로 간사한 농간을 부려 짧은 기간 안에 높은 품계에 올랐다. 1504년(연산10년) 이후로는 지난날 자기를 비난한 자들에게 일일이 앙갚음을 했고, 이미 죽은 사람까지 시신을 꺼내 베었을 정도였다.

부마(駙馬): 임금의 사위.

왕은 아무 때나 임사홍을 불러들였다. 항상 '내 벗 활치옹(豁齒翁)이 왔다.'고 했다. 임사홍의 이가 부러져 이빨 사이가 넓었기 때문이었다.

임사홍은 여색을 밝히는 연산의 정욕에 불을 질러 댔다. 그 정욕의 불길을 이용하여 권세를 잡을 줄을 알았다. 전국 각지를 돌면서 미녀와 튼실한 말을 뽑아들였던 '채홍준체찰사(採紅駿體察使)', 그 직책의 중심인물이 바로 그였다.

그때 누군가 이렇게 읊었다.

"작은 소인(小人) 임숭재, 큰 소인 임사홍이여! 천고에 으뜸가는 간흉이구나! 하늘의 이치는 돌고 돌아 보복이 있으리니, 알리라, 네 뼈 또한 바람에 날려질 것이라."

당시에 죄인의 뼈를 갈아 바람에 날리는 형벌이 있었다. 나중에 두 소인이 그런 보복을 당하게 될 것이라는 분노의 노래였다. 그렇게도 권력이 좋은 것일까. 어쨌든 임사홍은 둘째 아들 임숭재와 한통속이 되어 부자간에 아첨을 다했다.

치명적인 유혹자, 팜므 파탈(femme fatale)

장녹수는 요부였다. 그동안에 겪은 남성 편력의 경험을 한껏 활용하여 연산을 요리했다. 때로는 어린아이 같이 조롱했고, 때로는 노예에게 하듯 왕에게 욕을 해댔다. 연산이 어머니의 사랑을 받지 못한 것을 잘 알고 있었던지라, 그 점을 잘 파고들었다.

연산은 화를 내기는커녕 오히려 즐거워했다. 연산은 아무리 화가 나서 왔을지라도 장녹수만 보면 기뻐하며 웃었다. 왕이 때때로 장녹수와 함께 그녀의 친정에 갔었는데, 그 어미에게 '어머니'라고 불렀다. 장녹수와 연산군은 여느 부부처럼 다정하게 보였다.

그러나 장녹수에게도 시기와 질투는 있었다. 너무 심하여 사람의 목숨을 앗을 정도였다. 1504년(연산10년) 6월 9일 전향과 수근비가 능지

처참을 당했다. 두 사람은 모습이 너무 고와서 녹수가 시기하여 밤낮으로 왕에게 없는 말을 꾸며 댔기 때문이다. 그들의 부모형제까지 하루아침에 죽음을 당했다.

이런 일들은 주로 1510년부터 1512년 사이에 벌어졌다. 그 기간에 연산은 장녹수에게 더더욱 심하게 빠져들어 패륜을 일삼았다.

호가호위(狐假虎威)

호가호위(狐假虎威): 남의 권세를 빌려 위세를 부림. ≪전국책≫의 〈초책(楚策)〉에 나오는 말로 여우가 호랑이의 위세를 빌려 호기를 부린다는 데에서 유래한다.

여우가 호랑이의 위세를 등에 업고 나불대는 꼴, 호가호위라는 고사가 있다. 장녹수가 연산의 위세를 의지한 것이 그랬다.

장녹수가 연산에게 얻어낸 상급이 엄청났다. 연산이 준 금은주옥을 비롯하여 노비, 논밭, 가옥이 이루 다 셀 수가 없었다.

일찍이 연산10년(1504년)부터, 장녹수는 연산에게서 소금, 쌀, 후추 등을 얻어냈다. 심지어 한번에 무명 500필을 받은 적도 있었다. 1506년 장녹수는 번번이 왕으로부터 식량을 타내는 것보다는 아예 지방에 농장을 가지고 편하게 식량을 대먹고 싶었다. 그리하여 왕으로부터 연안, 홍주, 합덕 지방의 땅을 얻어내 농장과 논을 만들었다. 농산물을 온전히 소유하기 위해 세금과, 노비들의 잡역을 감해주었음은 물론이다.

또한 노비 13구를 하사받기도 했다. 왕의 허락을 얻어 종들을 단천으로 보내 은을 채굴해 오게 했다. 장녹수는 종을 부려 무역에 손을 대

참고: 노비나 기생의 수효에 인(人)을 쓰지 않고, 구(口)를 썼다. 사람이 아니라 주둥아리였다. 이것이 천민의 비애이기도 했다. 노비 13구는 노비 13명.

내수사(內需司): 왕실의 재정을 맡아보던 관아.

선공감(繕工監): 공조에 딸려 토목에 관한 일을 맡아보던 관아.

대관(臺官): 사헌부의 대사헌 이하 지평까지의 벼슬.

기도 했다. 그리하여 연산12년(1506년) 4월에는 종이 궁궐로 들여온 진주가 2천2백99개에 달했으며, 그 값을 다 받아냈다.

한편 장녹수의 집을 짓는데 연산10년 3월 이후 2년이 넘는 긴 시간이 걸렸다. 집 짓는 일을 내수사(內需司)에서 선공감(繕工監)으로 옮겨 맡게 하고, 대관(臺官)을 감독관으로 두기도 했다. 여기에는 다른 뜻이 있었으니, 대관들은 아침저녁으로 술, 고기안주, 진미(珍味)를 보내줄 수밖에 없었다.

집을 짓는 도중에 장녹수는 고성군의 집, 양산부수의 집, 사산군의 집을 차지했다. 물론 집값을 쳐주었지만, 1506년 1월에서 2월까지 불과 한 달 사이에 세 사람에게 피해를 입힌 것이다.

상주고 벌주는 일이 모두 장녹수의 말에 좌우되었다. 장녹수는 형부 김효손의 승진에 적지 않은 영향력을 행사했다. 김효손은 1502년(연산8년) 11월 25일 7품 무관직인 사정을 맡은 후, 이듬해에 위사, 함경도 전향별감 직을 맡았다. 1504년(연산10년)에 들어서서 고속 승진했다. 정6품 무관직 사과(司果), 종6품 문관직 중부주부를 거쳐, 이듬해에는 군기시(軍器寺) 정에 도달했다. 바로 이어서 1506년(연산11년) 8월 27일에는 정·종2품직에 해당하는 군기시 제조까지 올랐다. 그때가 중종반정이 일어나기 5일 전이었다. 그 과정에서 장녹수는 연산에게 부탁하여 여종이었던 친언니 복수(福壽)와 조카들을 양민이 되게 해주었다.

한편 장녹수는 연산 사이에서 딸 영수를 낳았다. 그 딸이 한동안 이사종의 집에 나가 양녀로 있었다. 이 때문에 연산은 이사종에게 선물을 후하게 내려주었다. 이사종의 아내 이씨는 성품이 교활했는데, 장녹수와 사귀며 그녀의 위세를 의지해서 남의 집 재물을 빼앗기도 했다.

그러면 이사종은? 세종의 맏형인 양녕대군의 적장자로 순성군이 있었는데, 순성군은 적자(嫡子)를 두지 못하고, 첩에게서 이사종을 낳았다. 순성군에게 적자가 없었으니, 당시 법도로는 순성군의 아우인 함양군이 제사를 받들 수도 있었다. 그러나 이사종이 서자이지만 제사를 받들게 해달라고 장녹수에게 청했다. 장녹수 역시 첩 자식이어서 그 서러움을 너무나 잘 알기 때문에 그랬는지, 아니면 재물이 탐이 나서 그랬는지, 어쨌든 연산의 허락을 얻어냈다.

1502년(연산8년) 8월 30일 남천군(南川君) 이쟁(李崝)이 송사 사건에서 이기기 위해 장녹수에게 뇌물을 주었다. 이 일로 이들의 유착 관계는 시작되었다. 이후로 남천군의 아내는 남몰래 장녹수에게 전민(田民)을 뇌물로 주었다. 그 대가로 금표(禁標) 안에 있던 이쟁의 전토, 저택의 값을 원하는 대로 받아낼 수 있었다.

전민(田民): 논밭과 농민.

금표란 무엇인가? 연산은 도성 사방에 백 리를 재서 금표를 세우고, 그 안의 마을을 없애고 주민을 철거시킨 뒤에 사냥터로 삼았다. 이 금표 안에 들어갔던 땅 가운데 남천군 이쟁의 땅이 있었던 것이다.

거기에 스캔들이 있었다. 이쟁의 아내가 장녹수와 친해졌다가 연산과 염문을 뿌렸다는 소문이 났었다. 사실인지 아닌지 확인되지는 않았지만…….

연산의 패륜 행위

당시 연산은 음탕한 일을 서슴지 않았다. 족친 및 선왕(先王)의 후궁을 모아 연회를 베풀곤 했다. 특히 대비에게 효도를 한답시고 날마다 연회를 열었다. 때로는 밤중에 술잔치를 베풀기도 하고, 때로는 험한 곳으로 놀이를 나가기도 했다. 대비는 너무 두려워서 감히 어길 수 없었고, 그 자리에는 종실과 사대부의 아내들이 '울며 겨자 먹기' 식으로 참석해야만 했다.

그때 장녹수는 미모가 빼어난 이에게 다가가 머리단장이 잘 안되었다고 핑계대고 비밀스러운 방으로 끌어들였다. 거기서 음행이 벌어졌다. 왕과 장녹수가 미리 짰던 것이다. 그렇게 4, 5일 동안이나 궁중에서 나가지 못하는 사대부 여성들이 적지 않았다.

나라 전체가 온통 음탕함으로 가득 찼다. 아니, 그 음탕의 물줄기가 왕과 장녹수를 통해 분출했는지도 모른다. 듣기 좋은 말로 풍류였지 실제로는 향락이었다. 향락은 사회의 독버섯이었으니…….

장녹수의 종까지 호가호위(狐假虎威)를…

수진방(壽進坊): 현재의 종로구 수송동 일대. 조선의 개국공신 정도전(鄭道傳)의 사택이 있었던 곳이다.

장녹수의 종들까지 위세를 휘둘러댔다. 그 희생양은 동지중추부사 이병정이었다.

연산10년(1504년). 동지중추부사 이병정이 수진방(壽進坊)의 어느 인가에 묵고 있었다. 바깥이 다투는 소리로 시끄러웠다. 이에 이병정은 하인을 시켜서 만류했다.

"이웃끼리 화목하지 않고 다투다니. 더구나 재상인 내가 묵고 있는데 어찌하여 이렇듯 시끄럽게 하느냐?"

그러나 그 사람은 막무가내로 더욱 심하게 싸웠다. 이번에는 이병정이 나가서 친히 타일렀다. 그러나 그 사람은 도리어 이병정을 업신여기고 모욕했다. 이에 이병정은 어이가 없었지만 차분하게 형조에 소장을 올렸다.

며칠 후, 어느 사람이 이병정의 집에 와서 만나기를 청하기에 알아보니 장녹수 집의 장무(掌務)였다. 이병정은 일이 잘못된 것을 순간적으로 깨닫고, 즉시 무릎을 꿇고 당시의 정황을 자세히 설명했다.

장무(掌務): 일을 맡아보는 직책을 지닌 사람.

"당시에 그가 뉘 집 종인지를 모르고 그리했소."

그 종이 불려 와서 이병정과 대질하는데, 팔을 걷어붙이며 큰 소리로 이병정을 꾸짖었다.

"네 어찌 간사함이 그렇게도 심하냐?"

이병정은 억울하고 분했지만, 어찌할 도리가 없었다. 무소불위(無所不爲)의 장녹수가 버티고 있었기 때문이었다. 그는 장녹수에게 많은 뇌물을 바치고 일단 석방되었다. 그러나 장녹수의 종놈이 거듭 위협했다.

"네가 비록 풀려났지만 내가 다시 한 마디만 하면 네가 죽임을 당하는 것은 식은 죽 먹기야."

이병정은 더 많은 뇌물을 바쳐 겨우 벗어날 수 있었다.

1506년(연산12년) 8월에 연산은 전비와 장녹수의 일가붙이 조사하여 족친안(族親案): 같은 성을 가진 일가붙이를 기록한 책.

족친안(族親案)을 만들었다. 그때 많은 무뢰배들이 전비와 장녹수에게 붙어 족친이라고 했다. 이들은 주로 주인을 배반한 무리와 시정의 모리배들이었다. 족친안에 자신들의 이름을 넣어 그 위세를 등에 업고 서울과 시골에서 횡포를 부려댔다.

종말을 감지하고

연산과 장녹수 그리고 전비도 자신들의 호사스러운 삶이 곧 끝나리라는 것을 직감했다.

연산이 궁녀들을 거느리고 후원에서 잔치하며 노래를 부르며 한껏 놀더니, 갑자기 탄식했다.

"인생은 초로와 같아서, 만날 때가 많지 않는 것."

읊기를 마치자 눈물을 흘렸다. 여러 궁녀들은 몰래 비웃었다. 전비와 장녹수만은 슬피 흐느끼며 눈물을 머금었다. 왕이 그들의 등을 어루만지며 말했다.

> "지금 태평한 지 오래니 어찌 불의에 변이 있겠느냐마는, 만약 변고가 있게 되면 너희들은 반드시 면하지 못하리라."

섬뜩했다.

이때가 연산12년(1506년) 8월 23일, 중종반정이 일어나기 9일 전이었다. 이들 모두 자신들의 운명이 어찌 되리라는 것을 알고 있었을까?

중종반정 직후, 전비, 장녹수, 백견을 군기시(軍器寺) 앞에서 베니, 사람들이 기왓장과 돌멩이를 던지면서 '너희들이 나라의 재정을 한순간에 탕진했다.'라고 했다. 그 원성이 얼마나 컸던지 잠깐 사이에 돌무더기를 이루었다.

군기시(軍器寺): 병기 · 기치 · 융장(戎仗) · 집물 등의 제조 업무를 관장하기 위해 설치되었던 관서.

그들도 그럴 줄 알았다. 그런데도 왜 멈출 수 없었을까? 자신들의 불우했던 삶을 한풀이하면서 살았기 때문이 아닐까. 이들은 한 나라를 움직일 수 있는 권세를 거머쥐지 않았는가. 그 권세로 한풀이를 하고 말았으니. 미래를 보지 않고 과거에 사로 잡혀 사는 사람들의 결과는 다 그런 것이다.

그런데 장녹수와 연산 사이에서 태어난 딸 이영수는 중종과 그 반정 공신들에 의해 어떻게 되었을까? 죽음에 처해졌을까, 아니면 귀양보냈을까? 아니면 종으로?

노비 15구와 집 한 채, 밭 15결이 주어졌고, 『선원록』에 올려졌다. 그때가 중종13년(1518년)이었다.

선원록(璿源錄): 조선 왕실의 족보

누이 박씨(월산대군의 부인)의 억울한 죽음

박원종은 심순경과 매우 친했지만, 거사를 앞두고 그를 떠보기로 했다. 코가 삐뚤어지도록 술을 마셨다. 그러나 박원종의 정신은 더욱 또렷해지고 있었다.

"이보게 청성, 종묘사직이 너무 위태롭네. 이대로 가다간 절단날 걸세."

청성은 심순경의 호다. 심순경은 벌써부터 한 잔 술에 취했다.

"다들 알지. 누가 뭐래? 평성, 술이나 마시세."

평성은 박원종의 호다. 박원종은 잠시 술잔을 한꺼번에 비웠다. 역시 무인다운 기개가 있었다.

"내 누이가 어떻게 죽은 줄 알지?"

박원종의 누이라면 월산대군의 아내였다. 심순경도 너무 잘 알고 있었다. 세상 사람들 모두 잘 알고 있었다.

도대체 월산대군(1454~1488)의 부인에게 어떤 일이 있었는가?

세조의 큰아들이 의경세자이고 둘째 아들이 예종 임금이다. 의경세자는 월산대군과 성종을 낳고 일찍 세상을 떴다. 세조는 큰손자 월산대군을 사랑하여 정동 땅 2만 평을 하사했다. 세조는 왕위를 둘째 아들 예종에게 물려주었다. 그런데 예종마저 왕위에 오른 뒤 1년이 조금 지나자마자 세상을 떴다.

정국은 왕위 계승 문제로 암투를 벌이기 시작했다. 순리대로라면 예종의 아들 제안대군이 왕위 계승자였지만, 정작 왕위는 성종(1469~1494)에게로 넘어갔다. 성종의 나이는 12세, 월산대군은 17세.

당시 실세였던 한명회는 성종의 장인이었다. 그는 인수대비(仁綏大妃)와 세조의 비인 정희왕후의 지원을 받고 성종을 왕으로 옹립한 것이다.

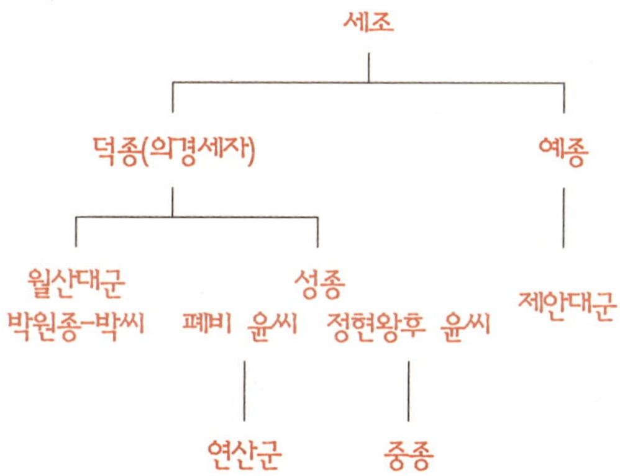

이런 정국에서 월산대군은 자연과 함께 풍월을 읊으며 여생을 보내기로 한다. 어차피 왕위는 성종이 아니면 제안대군에게 가는 것이 옳았다. 자기와는 관계가 없는 것이었다. 그렇게 위안을 하고 마음을 비웠다.

성종은 친형인 월산대군과 우애를 나눴다. 성종은 정동 월산대군의

덕수궁(德壽宮): 서울특별시 중구 세종대로에 있는 조선 시대 궁궐. 궁이 있는 자리는 원래 조선 초기 성종의 형인 월산대군(月山大君)의 집이 있었던 곳으로, 선조가 임진왜란 뒤 서울로 돌아와서 이 집을 임시거처로 사용하면서 궁으로 이용하게 되었다.

땅에 집을 지어주었다. 그 자리가 나중에 덕수궁이 되었다. 풍월정(風月亭)도 지어 주고 종종 드나들며 형과 우애를 나눴다.

월산대군은 양화도 언덕에 있던 희우정(喜雨亭)을 개축해 망원정(望遠亭)이라 일컫고 풍월을 즐겼다. 또한 경기도 고양 북촌에 별장을 짓고 문인들과 교류하며 풍류를 노래했다.

망원정(望遠亭): 서울특별시 마포구 합정동에 있는 조선 시대 정자. 어느 날 태종 임금이 이 정자에 행차했는데 큰비가 내렸다고 한다. 마침 그해는 유난히 가뭄이 심하던 터라 모두들 비오기를 고대하고 있던 차에 임금의 행차와 함께 많은 비가 내렸으므로 임금은 이를 흡족히 여겨 정자의 이름을 희우정(喜雨亭)이라 부르게 했다.

추강(秋江)에 밤이 드니 물결이 차노매라
낚시 드리우니 고기 아니 무노매라
무심한 달빛만 싣고 빈 배 저어 오노매라

유명한 시조다. '무심한 달빛'은 곧 '정권에 대한 무욕(無慾)의 경지'라고나 할까.

그 후 월산대군은 1488년에 35세 젊은 나이로 세상을 떠났다. 『풍월정집』을 남겼다.

당시 박원종은 월산대군보다 13세 어렸다. 매형의 삶과 죽음을 통해 권력에 대해 마음을 비우는 것을 어렴풋하게 알았다. 술자리에서 종종 매형인 월산대군의 시조를 읊곤 했다.

성종은 월산대군의 처남 박원종을 아꼈다. 월산대군이 세상을 뜬지 4년이 흐른 1492년, 박원종을 동부승지에 발탁했는데, 사헌부의 반대로 무산되었다. 성종은 그에게 공조참의, 병조참지 직을 내렸다.

반정의 조짐

성종의 아들인 연산군 역시 박원종에게 관직을 주었다. 그런데 연산군은 변덕이 심했다. 박원종을 경기도관찰사에 임명했다가 바로 삭직해버렸다.

그때 이미 사단이 벌어진 것이다. 일찍이 연산군의 어머니는 잘 알다시피 폐비 윤씨였다. 아름다운 미모로 성종의 사랑을 받았으나, 안하무인으로 처신을 해서 시어머니인 인수대비가 내린 사약을 먹고 죽임을 당했다. 연산군이 4살 때였다. 어린 연산군은 큰어머니 박씨가 주로 키웠다.

또한 연산군은 자신의 아들을 큰어머니 박씨에게 길러달라고 맡겼다. 큰어머니는 바로 월산대군의 부인(승평부부인)이었다. 그런데 연산군은 아들이 자라 궁으로 들어오자 큰어머니 박씨를 함께 불러들였다. 항간에는 연산군이 큰어머니와 정을 통했다는 소문이 났다. 패륜이었다.

그 후로 인수대비는 소문이 사실이 아님을 죽음으로 증명하라며 자신의 큰며느리인 박씨에게 자결하라고 명령했다. 박씨는 이내 자결하고 말았다.

박씨는 죽을 때, 동생 박원종에게 유언을 남겼다.

"반드시 이 원수를 갚아 달라."

내용인즉 그랬다.

박원종은 심순경에게 이 말을 하면서 비분강개하여 눈물을 흘렸다. 심순경도 함께 울었다. 드디어 심순경이 동참하기로 했다.

1506년(연산군12년). 드디어 올 것이 왔다. 연산군의 실정 이후 중종 반정이 일어났다. 박원종을 중심으로 성희안, 유순종이 주역이 되었다.

사복시(司僕寺): 궁중의 가마나 말에 관한 일을 맡아보던 관아. 내사복(內司僕)과 외사복(外司僕)이 있었으며, 태조 원년(1392)에 설치하여 고종 2년(1865)에 폐했다.

마초(馬草): 말을 먹이기 위한 풀. 말꼴.

세 대장이 광화문 밖에 진을 치고 사복시(司僕寺)에 저장된 마초(馬草)에 불을 피웠는데 불빛이 대낮같아 궐 안이 진동할 정도였다. 입직했던 높고 낮은 벼슬아치들이 모두 뿔뿔이 달아났다. 어떤 사람은 수챗구멍으로 빠져 나가기도 하고 혹은 대궐 담을 넘어서 도망치기도 했다.

연산군은 당황하여 여러 관원을 불러 들였으나 한 사람도 대답하는 이가 없었다. 그날 밤 승지 윤장과 이우와 조계형이 대궐 담 위에서 군사들에게 외쳤다.

"오늘 추대한 분이 누구냐?"

대답이 들렸다.

"진성대군이신데, 벌써 왕대비의 허락을 받았소."

진성대군은 연산군의 폐위 이후에 추대된 중종이다. 그 말을 들은 세 사람이 밧줄을 타고 내려왔다. 그러나 이들의 행위가 단지 한때의 화를 모면하려는데 지나지 않는 것이라 여겨졌다. 그때 세 사람이 모두 파면되었다.

반정한 뒤에 귀양살이가 있던 여러 신하들이 그 소문을 듣고 반색하면서 서로 축하하기도 했다. 어떤 이는 일어나서 덩실덩실 춤을 추었다.

신선 풍류의 대명사, 박원종

중종은 박원종에게 특별히 후하게 상을 내리고 저택을 골라주었다. 이로써 장획(臧獲)과 보화가 풍족하게 되니, 의복, 마차 등이 분수에 넘치도록 많았다.

장획(臧獲): 종. 노비.

박원종(1467년: 세조13~1510년: 중종5)

· **성종시절**

1486년 무과 급제, 선전내승(宣傳內承) 역임.

1492년 성종의 특지로 동부승지에 발탁, 사헌부의 반대로 무산.

· **연산군 시절**

승정원의 여러 벼슬 역임.

1500년 평안도 병마절도사로 좌천.

1502년 평성군 강원도관찰사, 동지의금부사.

1506년(연산군12년) 경기도관찰사 역임 중 연산군에 의해 삭직.

· **중종 시절**

1506년 중종반정, 성희안, 유순정과 함께 정국 1등공신.

우의정, 평원부원군에 진봉, 좌의정.

1507년 이괄의 옥사 진압, 정난 1등공신.

1509년 영의정.

1510년 중종 묘정에 배향, 시호는 무열.

중종은 홍청(興淸) 3백 명을 어찌 처리할까 고심했다. 모두 본 고향으로 돌려보내게 했다. 단, 비록 폐위가 되었을지라도 왕이 가까이 했으니 신하들이 육체적인 관계를 맺어서는 안 된다는 단서를 달았다. 하지만 잘 지켜지지 않았다. 홍청은 절색의 기생들이 아니었던가? 시간이 흐르면서 홍청과 육체관계를 맺은 죄로 걸려든 신하들이 적지 않았다.

이때 홍청 300명 외에도 1,000명이나 되는 운평이 있었다. 아마도 그들 중에 상당수가 박원종에게 흘러들어 갔을 것 같다. 그와 관련되는 일화가 있어서 주목을 끈다.

당시 호음 정사룡이 예조좌랑으로서 업무를 처리하기 위해 박원종을 찾아가 대문에서 통지했다. 즉시 들어오라는 말이 왔다.

대문을 무려 3개나 지나 대청 앞에 당도했다. 돌을 다듬어 섬을 쌓았고 뜰에는 반송(盤松) 두어 그루가 서 있었다. 붉은 난간 푸른 창문 안에는 비단 자리가 가득히 깔려 있는데 화려하여 눈이 부셨다.

반송(盤松): 키가 작고 가지가 옆으로 퍼진 소나무.

대문 하나를 더 들어서니, 날아갈 듯한 작은 누각이 있었다. 붉은 빛깔의 발이 땅에 닿도록 드리워 있었다. 그 안에서 말소리가 은은하여 마치 구름 속에서 들려오는 것 같았다. 마치 신선들이 사는 선계(仙界)와 같았다.

누각 동쪽에서 한 여인이 머리에는 큰머리 장식을 하고 몸에는 노란 장신을 입고 붉은 치마를 땅에 끌면서 나와서 안내했다.

"이리오시지요."

호음이 허리를 굽히고 종종걸음으로 나아가 그 여인 앞에 이르렀다.

또 한 대문이 조그마한 당 밖에 있었는데, 맑은 향기가 마음을 사뭇 상쾌하게 했다. 드디어 그 문을 들어섰다.

평성 박원종이 연못 동쪽 평상 위에 앉아 있었다. 수놓은 베개와 화려한 자리에 두 계집종이 파리채를 들고 좌우에 서 있었다. 당 위쪽에 발이 쳐져 있었고 그 안쪽에 시녀들이 죽 늘어 앉아 있었다. 수효를 셀 수 없을 만큼 많았다.

평성이 일어서서 맞았다. 손을 들어 평상을 가리키면서 말했다.

"호음, 이리 앉으시게."

호음이 절한 다음 꿇어 앉으면서 물었다.

"이 공사(公事)를 어떻게 처리할까요?"

공사란 것이 대개 예문(禮文)에 관한 일이었다. 박원종이 그 문서를 받아서 자리 오른쪽에 놓으면서 말했다.

예문(禮文): 예법에 관하여 써 놓은 글. 한 나라의 예법과 문물제도.

"내가 무부(武夫)로서 무슨 업무의 옳고 그름을 알겠는가. 종묘사직(宗廟社稷)의 덕으로 때를 잘 만나 이런 분에 넘치는 자리를 차지했네. 황공하여 몸 둘 바를 모를 뿐이지. 어찌 감히 조정의 일에 대해 이러쿵저러쿵 말할 수 있겠나? 본조의 판서가 있는데, 알아서 잘 처리하지 않겠나? 그대의 젊은 풍채를 보니, 앞길이 크게 될 걸세. 자, 이 늙은이가 권하는 술이나 마시게나."

종묘사직(宗廟社稷): 왕실과 나라를 통틀어 이르는 말.

박원종은 곧 술을 올리라고 나직하게 말했다. 그러자 여러 시녀들이 모두 꿇어앉아 대답했다. 바로 시녀 넷이 술상을 받들고 나왔는데, 진수성찬이 질펀하여 어디서부터 젓가락을 대야 할지 몰랐다.

여자 악공 수십 명이 각기 관현악기를 들고 못 위에 둘러앉아 풍류를 연주했다. 맑은 소리와 묘한 가락이 흥겹게 귀를 울렸다.

공이 자주 잔을 들어 권하면서 말했다.

"무부(武夫)라고 싫어하지 말게."

호음은 감히 사양할 수가 없어 취하도록 마시고 일어섰다. 박원종은 여러 시녀를 시켜 문 밖까지 부축하도록 했다.

훗날 호음도 많은 저택을 두었고 자기 몸을 편안하게 하기를 극히 사치스럽게 했다. 호음은 말년에 가세가 매우 커졌는데도 이렇게 말했다.

"어찌 평성 박원종에 비하면 그의 만분의 일이나 따를 수 있겠는가."

중종반정 후 연산군 때에 서울로 뽑혀 올라온 그 많은 기녀들을 고향으로 돌려보내도록 조처했을 때, 다 돌아갔을까? 박원종은 정국 1등 공신이 아니었던가, 더욱이 풍류랑이 아니었던가. 정호음을 맞이하는 여인, 파리채를 들고 있는 두 계집종, 당 위의 발 안쪽에 앉아 있는 많은 시녀들, 술상을 들고 오는 네 시녀들, 여자 악공 수십 명, 정호음을 문밖까지 부축한 여러 시녀들이 선상기들 중에서 나왔을 것이리라.

박원종의 질투

그 많은 기녀들과 풍류를 누린 박원종이었지만, 그는 그 어느 하나도 빼앗기고 싶지 않았나 보다.

때는 1507년(중종2년) 5월 1일.

박원종에게는 사랑하는 기생 대황화가 있었는데, 그만 이장길이 대황화를 차지하고 말았다. 그러는 동안에 박원종과 이장길은 서로 좋지 않은 감정을 품었다.

그즈음에 김공저의 옥사가 벌어졌다. 이때 박원종은 이장길을 김공저의 옥사에 옭아 넣어 죽이고자 했다. 당시 유자광이 박원종의 뜻을 알고 옥사를 부풀렸다.

드디어 이장길이 고문을 받게 되었다. 물론 그 자리에 중종의 심임을 받고 있던 박원종이 있었다. 그는 박원종을 보고 크게 외쳤다.

"공(公)이 대의를 주창하여 삼한의 백성을 다 살리면서 왜 나는 죽이려고 하는 것이오? 내가 평소에 여색을 밝힌 것은 실로 죄라 할 수 있겠으나, 나는 이 옥사와 전혀 관련이 없소."

이에 박원종이 부끄러워했다. 성희안도 힘을 다하여 이장길을 구하고자 했다. 박원종은 이장길을 죽이지 않고 그 대신에 제주로 귀양을 보냈다.

신선 풍류를 즐겼던 박원종. 단 한 명의 기생도 양보할 수 없었나 보다. 박원종은 중종반정 이후에 삼정승을 다 거쳤다. 그러면서 날마다 주색으로 즐겼다. 그러기를 4년, 마침내 마흔 네 살로 일기를 마쳤다.

그래도 훈구와 사림의 대결이 본격적으로 일어나기 전에 세상을 뜬 것이 그의 복이라면 복이리라. 그래도 인생은 무상하기만 하다. 중종반정 이후 3정승을 두루 역임하면서 그리고 풍류의 극치를 누렸지만, 한 줌 흙으로 돌아가고 말았으니…….

☞ 김미: 나도 풍류랑 109칸 향락

15세기 무렵, 충청도 문의현에 김미(金湄)라는 자가 있었다. 그는 부친이 세상을 뜨고 홀로 된 어미와 살았다. 밭과 노비를 차지하고 형제들에게 나누어 주지 않았다.

부친이 죽은 지 13년 만에 비로소 사당을 세우고 제사를 지냈다. 그렇다고 신주를 모신 것도 아니었다. 그리고 모친이 세상을 막 뜨려고 할 때에는 숨이 미처 끊어지기도 전에 바깥사랑으로 피해버렸으며, 세상을 뜬 후에는 친히 염습하지도 않았다.

그는 집을 짓는데 109칸으로 했다. 창고에는 곡식이 가득가득 넘쳐흘렀다. 더 부자가 되고픈 욕심에 창고에 현판을 달았는데, 그 현판에는 다음과 같이 여덟 글자를 썼다.

미증영만(彌增盈滿) 익억만첨(益億萬添)

'더욱 불어나서 가득차라, 더욱 더 불어나라.'라는 뜻이다. 그리고 그 창고를 '진고(珍庫)'라 불렀다. 그의 아내 장씨와 딸들은 욕실을 따로 두었을 정도로 호사스러웠다. 그렇지만 딸과 막내 동생 김준이 모두 장성했는데도 혼인을 시키지 않았다.

집 가운데에 높은 누각을 세워 '진루(珍樓)'라 불렀다. 또 그는 동네 어구의 다리 위에 문을 설치하여 액판을 걸어두었다.

술 마시기를 숭상하지 않는 사람은 이 문을 들어 올 수 없다.

누각 양쪽에 그윽한 방을 만들어 비첩(婢妾)과 기녀들을 두고 마음껏 즐겼다. 김미가 새벽에 일어나 마루에 앉으면 서원(書員) 몇 사람이 뜰에 줄 늘어서서 절을 하곤 했다.

계집종 6, 7명에게는 관현(管絃)과 가무(歌舞)를 가르치고, 곱게 화장시키고 아름답게 입혔다. 또한 손님이 오면 이들을 데리고 술자리를 베풀어 마음껏 즐기게 했다. 자고 가는 손님에게는 계집종을 붙여주어 잠자리를 함께 하게 했다.

그에게는 특별히 사랑하는 초아(楚兒)라는 기생이 있었다. 김미는 모친상을 당하여 장례를 마치기 전에 초아와 잠자리를 하고, 국상(國喪) 중에는 초아와 동침을 해서 물의를 일으켰다. 부모상이나 국상 기간 중에 기녀와 동침을 하는 것은 불효 불충의 강상죄에 해당했다.

그의 매부인 곽순(郭珣)이 처남의 그런 행위를 증오하여 그의 죄상을 상세히 적어서 몰래 알렸다.

1453년(단종 원년) 충청도관찰사는 이 사실을 조정에 보고하지 않을 수 없었다. 이에 조정에서는 다음과 같이 처분을 내렸다.

- 김미: 하삼도로 정배
- 재산: 관찰사가 그의 형제들에게 분배
- 가옥: 허물고 관가에서 몰수

조정에서는 김미의 죄상을 알게 되기까지 누군지 몰래 사주한 자가 있을 것을 의심하여 조사하게 했다. 조정에서는 곽순의 짓임을 밝혀내고, 그도 함께 파직시켰다. 곽순 역시 고집이 세고 못나서 사림들이 비루하게 여기는 인물이었다. 그런데 김미는 이 소식을 듣자, 도망을 쳤다. 그 후로 잡히지 않은 것으로 보인다.

김미는 지방에서 조선 초기의 사치와 향락의 극치를 보여주는 전형으로 제시될 만하다. '나도 풍류랑!'

6 관홍장

사랑 따라 붉은 꽃,
생계 따라 황금 꽃

기녀 스캔들 메이커

문과 합격자 한주와 윤원형의 첫 대면

중종28년(1533년) 4월 29일, 문과 시험 합격자 발표가 났다.

- 1등 1인: 원계검
- 2등 3인: 정언각, 한주, 이도남
- 3등 8인: 경혼, 임열, 이세구 외 5인

주목할 합격자는 한주(韓澍)라는 사람이다. 그는 2년 전 생원시 시험에 합격하여 생원이 되었다가 이제 문과 별시에 합격했으니 벼슬길을 제대로 밟아가고 있었다.

그런데 처음에는 3등으로 합격한 자가 8명이었는데 얼마 지나지 않아 11명으로 늘었다. 왜 이런 일이 일어났는지 처음에는 의아하게 생각했으나 짐작이 가는 바가 있어서 모두들 입을 다물었다. 그때 추가된 3명 중에 윤원형이란 자가 있었는데 윤원형은 중종의 왕비인 문정왕후의 남동생이었기 때문이다.

중종이 합격자들을 불러 모았을 때, 한주는 기쁜 마음으로 알현(謁見)했다. 그때 그 자리에서 윤원형을 처음 대했다. 한주와 윤원형의 악연이 여기에서부터 시작되었는지도 모르는 일이다. 그 누가 장차 벌어질 일을 예상이나 했겠는가? 훗날 윤원형은 명종의 외삼촌으로서 을사사화를 일으킨 장본인이 된다.

알현(謁見): 지체가 높고 귀한 사람을 찾아가 뵘.

한주는 중종 임금 앞에서 올곧은 신하였다. 4년 뒤인 중종32년(1537

년) 그는 검토관(檢討官)으로서 다음과 같이 말했다.

> 화평하게 하는 것은 대신에게 달려 있습니다. 모름지기 덕망이 있는 노련한 사람을 정승의 지위에 앉혀서 진정시키고 화평하게 한 뒤에야 인심이 자연히 안정되어 나아갈 바를 알게 될 것입니다. 지금 정승 자리가 비어 있으니 노련하고 덕망이 있는 사람을 배치하는 것이 옳겠습니다.

비어 있는 정승 자리에 덕망이 있는 사람을 임명해야 한다고 주장한 것이다. 이에 중종은 그리하겠다고 대꾸했다. 이후로 한주는 사간, 교리, 지평 등을 거쳐 중종36년(1541년)에는 시독관(侍讀官) 자리에 있었다. 그때 그는 이렇게 말했다.

시독관(侍讀官): 경연청에서 임금에게 경서(經書)를 강의하는 일을 맡아보던 정5품 문관 벼슬. 검토관의 위, 시강관의 아래로 홍문관의 교리가 겸임했다.

> 요즘 왕자와 부마들이 시정배(市井輩)들과 결탁하여 옳지 못한 일을 많이 저지른다는 소문이 들립니다. 전하께서 모르시는 것 같아서 말씀드립니다. 전하께서는 일국의 왕이시기 때문에 가정을 다스리는 일도 정사에 관계되는 일입니다. …… 가정을 다스리는 데에 모름지기 유념하소서.

한주는 강직한 선비 관료였던 것이다.

여성 독재자 문정왕후의 등장, 그리고 연인의 귀양

중종 시절에 장악원 교방에 명기 관홍장이 있었다. 그런 그녀에게 돈과 재물로 유혹하는 자도 있었고, 은근히 권세를 자랑하며 다가서는 자도 있었다. 그러나 관홍장은 눈길 한번 주지 않았다. 그렇다고 하여 그녀가 남자에게 관심이 없었던 것은 아니었다. 다만, 자신을 알아주는 남자, 자신의 마음에 드는 남자를 기다리고 있었다.

그때 강직한 선비가 그녀의 눈앞에 포착되었으니, 바로 한주였다. 사랑에는 국경이 없다던가? 한주는 신분을 뛰어넘어 기생 관홍장과 사귀었다. 나랏일을 볼 때는 강직하면서도 여자인 관홍장을 대할 때는 온화한 정을 표하는 남자, 한주는 관홍장에게 더 없이 좋은 남자였다. 관홍장과 한주는 서로 사랑하는 사이로 발전했고, 둘 사이에 딸 하나를 낳았다.

사랑이 무르익어가는 동안 중종이 세상을 떴다. 한주는 자신을 믿어준 주군(主君)이 세상을 뜨자 매우 슬퍼했다. 중종의 뒤를 이어 즉위한 인종1년(1545년)에 한주는 여전히 시강관으로서 인종을 보좌했고, 그해 5월에는 사간원의 사간 직책을 맡았다.

일찍이 중종 시절, 왕비인 장경왕후 윤씨가 25세 때(1515년) 세자를 낳고 얼마 되지 않아 산후병으로 죽었다. 그 뒤를 이어 문정왕후 윤씨가 1517년에 왕비가 되어 경원대군을 낳았다.

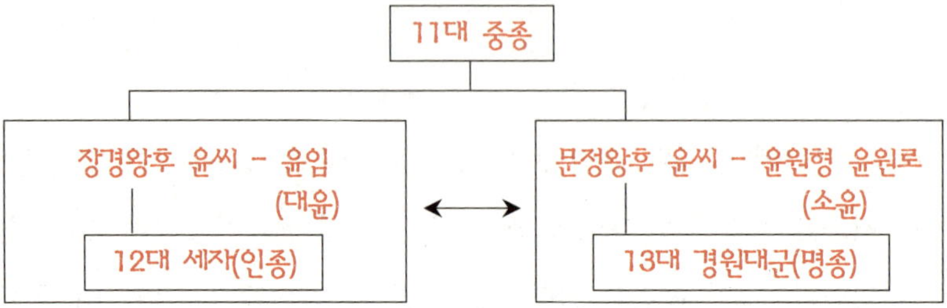

세자의 외숙인 윤임 일파는 세자를 옹호하고, 문정왕후의 동생인 윤원로·윤원형 형제 일파는 경원대군을 옹호함으로써, 중종의 두 외척 사이에서 왕위 계승을 둘러싸고 암투가 벌어졌다. 당시에 윤임을 대윤(大尹)이라 했고, 윤원형 형제를 소윤(小尹)이라 했다. 중종이 죽은 후에 세자였던 인종이 왕위를 계승하면서 대윤 윤임 일파가 득세하기에 이르렀다.

그러나 인종은 즉위한지 8개월 만에 세상을 떠나고, 12세의 나이로 이복동생인 경원대군이 1545년에 즉위했는데, 이 왕이 명종이다. 그해에 명종의 모후인 문정왕후의 밀지를 받은 윤원형이 핵심 동조 세력과 결탁하여 대윤 윤임 일파를 제거해 나갔다.

그 와중에 홍문관, 사헌부, 사간원에 진출해 있던 사림(士林)들이 소윤 윤원형 일파의 부당성을 지적했다가 소윤 일파에 의해 도리어 큰 화를 입었다. 이것이 을사사화(乙巳士禍)다.

그때 사간원 사간으로 있던 한주가 윤임과 한 고을에 살았다는 이유로 귀양을 가게 되었다. 그를 귀양 보내자고 한 당사자는 다름 아닌 윤원형. 그는 중종 때 문과 시험에서 3등에 들지 못했다가 누이가 문정왕후여서 합격자 명단에 끼어든 인물이다. 이 둘은 과거에 합격하는 순간부터 악연(惡緣)이었다.

한주는 경상도 남해로 귀양을 가고 관홍장은 딸을 키우며 살았다. 금방 돌아올 줄 알았던 한주는 소식이 없었다. 오랜 세월이 흘렀다.

그러는 동안 내로라하는 대신들과 부호들로부터 여러 차례 구애를 받았으나 관홍장은 끔쩍하지 않고 한주가 돌아오기만 고대하며 노모를 봉양했다.

신발을 거꾸로 신고

어느덧 관홍장은 생활이 곤궁해졌고, 무엇보다도 늙은 어머니가 굶주리는 것이 견디기 힘들었다. 이때 종실(宗室) 이천군(伊川君) 이수례(李壽禮)가 매파를 보냈다.

이수례(李壽禮): 성종의 아들인 완원군 이수의 둘째 아들. 완원군의 형인 운천군 이인의 양자가 됨. 선릉 참봉 황정복의 딸과 혼인하여 4남3녀를 두었음.

매파(媒婆): 혼인을 중매하는 할멈.

매파가 와서 관홍장에게 말했다.

"이천군은 성종 임금의 아들이요. 권세가 커서 그대가 의지하기에 좋은 인물이오. 이천군이 그대를 첩으로 삼으려 하는데, 그 뜻을 받아들이는 게 어떠하오? 인생이 그리 길지도 않은데 이렇게 곤궁하게 살 필요가 없지 않소?"

관홍장은 대답했다.

"내 비록 창가의 여자이긴 하나 이미 한주에게 몸을 허락했으니 재혼하지 않으려 했다오. 그러나 늙은 어미가 굶는 것을 차마 볼 수 없어서 이천군 나으리의 요구에 응하고자 해요. 다만 한주가 풀려서 돌아온다면 비록 나으리에게서 아홉 아들을 낳았다 하더라도 바로 돌아오겠어요. 이 약속을 받아주신다면 나으리의 말에 따르겠다고 전하세요."

관홍장은 이렇게 청했다. 이천군은 그 말을 듣고 '장안의 명기를 내 품에 안게 되었구나.'라고 생각하면서 크게 웃으면서 바로 그렇게 하겠다고 약속했다. 그날로부터 관홍장은 이천군과 함께 살았다. 마음 한 구석에서는 늘 한주가 돌아오기만 고대했다. 하지만 한주는 돌아올 기미를 보이지 않았다.

마음은 변하지 않았다지만 관홍장이 신발을 거꾸로 신은 건 분명했다.

물의를 일으키고

그러면 관홍장은 이천군과 함께 살면서 어떠했을까? 사간원에서 임금에게 다음과 같이 아뢰었다.

> 이천군 이수례(李壽禮)를 파직시킨 다음 허물을 조사하고, 관홍장은 가두어 놓고 죄를 조사하게 하소서.

관홍장은 복이 지질이도 없는 기생이다. 옛 정인 한주는 귀양가고 새 정인 이천군 이수례와 인연을 맺었다가 죄를 얻다니…….

도대체 이천군 이수례와 관홍장이 무슨 죄를 졌단 말인가? 관홍장이 처음에는 한주의 기첩이었다가 나중에 이수례의 첩실이 되어서였는가? 사회 풍조를 문란케 해서였는가?

그건 아니었다. 이수례는 관홍장을 만난 후로 본부인은 전혀 돌보지 않은 채 종처럼 여기고 매달 돈푼이나 보낼 뿐이었다. 맏딸은 맏딸대로 아버지가 버젓이 왕실의 종친으로 생존해 있는데도 의지할 데가 없어서 울며 지내는 날이 많았다. 행실이 훌륭하다 하여 표창까지 받은 남편이, 그런 아버지가 기생 관홍장에게 빠진 이후로는 하루아침에 이상한 남자로 변해버린 것이다.

그들에게 원수는 바로 관홍장이었다. 그러나 원수는 더욱 기세를 부리는 법. 관홍장은 남편 이수례의 마음을 사로잡아 제 마음대로 부리면서 거리낌 없이 악행을 일삼았다. 이수례가 본가에 가면 사람을 시켜 살피게 하면서 본부인을 만나보지 못하게 하는 등 투기를 부렸다. 심지어 본부인의 맏딸에게 주어진 새 노비를 빼앗아 자기 딸에게 주기도 했다.

이 소문을 들은 많은 사람들이 혀를 찼다. 이수례는 본부인을 박대하고 인륜을 어그러지게 한 사람이라고 손가락질을 당했다. 이로 인해 이에 조정에서 관홍장을 잡아 가두려 했다. 그런데도 이수례는 그녀를 숨기고 내놓지 않았다. 참으로 이런 사랑을 두고 아름답다고 말해야 하나, 추하다고 해야 하나?

그리하여 사간원에서는 이수례(李壽禮)를 먼저 파직시킨 다음 죄를 가리고, 관홍장은 가두어 놓은 상태에서 죄를 밝혀달라고 임금에게 아린 것이다. 그때가 한주가 귀양간 지 10년 정도가 되었을 무렵인 명종 11년 3월이었다. 그렇지만 이 일은 흐지부지 되고 말았다.

20년이나 걸린 한주의 귀경

그런 물의를 일으켰음에도 관홍장과 이수례의 애정 행각은 변함없이 여전했다. 자녀 너덧을 낳았고, 또 다시 10년 세월이 흘렀다. 이천군은 한주를 까맣게 잊고 있었고, 관홍장은 까치 울음소리에도 이제는 별 반응을 보이지 않게 되었다. 그동안 까치 울음소리에 혹시 임이 돌아오시나 마음을 졸였지만, 번번이 임은 나타나지 않았던 것이다.

조정에서도 많은 변화가 있었다. 문정왕후는 12세의 어린 명종이 즉위한 1545년부터 8년간 수렴청정(垂簾聽政)을 했다. 명종은 20세의 나이가 되면서 문정왕후의 수렴청정에서 벗어나 직접 왕권을 안정시키고자 했으나 자신의 세력 기반을 지니지 못한 채 여전히 어머니 문정왕후와 외삼촌 윤원형의 그늘에서 벗어날 수 없었다.

수렴청정(垂簾聽政): 왕이 나이가 어려서 즉위했을 때, 그의 어머니나 할머니가 대신 나라 일을 보던 것. 국왕 대신 일을 보던 여성이 발[簾]을 드리우고 그 뒤에서 정사에 임했기 때문에 수렴청정이라고 했다.

명종20년(1565년)에 문정왕후가 세상을 뜨자, 명종은 비로소 자신의 소신대로 통치하게 되었다. 명종은 즉위 초 을사사화로 억울하게 귀양을 갔던 신하들을 풀어주었다. 그해 12월에 한주가 귀양살이가 풀려 서울로 돌아오게 되었다.

무려 20년의 세월이 흘렀다! 문정왕후와 윤원형 남매가 권력을 장악한 기간 20년이 바로 한주의 귀양살이 기간이었던 것이다.

이천군은 설마 관홍장이 한주에게 돌아가겠는가 생각하고 그 소식을 스스럼없이 전해주었다. 아니, 실제로 돌아간다고 해도 전혀 개의치 않았다.

·11대 중종 재위 1506년~1544년
·12대 인종 재위 1544년~1545년
·13대 명종 재위 1545년~1567년

"그대의 옛 정인 한주가 돌아올 것이요. 귀양에서 풀렸다오."

관홍장은 뜻밖의 소식을 듣고, 주름진 얼굴에 환한 웃음꽃이 피어올랐다. 조용히 일어서서 이천군에게 이별의 절을 올리더니 뒤도 돌아보지 않은 채 한걸음에 달려 나갔다. 한주를 보고 싶은 마음이 앞서서였다. 비록 이천군과 함께 살면서 자식을 여럿이나 낳았건만, 한주에 대한 사랑이 더 컸다.

관홍장은 한주에게서 낳은 딸을 시켜 마중을 나가게 하고, 자신은 장롱을 뒤져 한주에게 줄 옷과 버선을 찾았다. 한주가 귀양을 간 후 얼마 되지 않아 준비해둔 것이니 벌써 20년이나 묵었다.

그 딸은 아버지를 만나 어미 관홍장이 이천군과 살아온 내력을 말하고, 방금 전에 집으로 돌아왔다는 소식을 전했다.

한주는 깜짝 놀라면서 말했다.

"네 어미가 늙어서 망령이 들었단 말이냐? 내 어찌 감히 이천군의 부실(副室)을 차지한단 말이냐."

집에 돌아오자마자 한주는 관홍장을 슬쩍 보더니 눈길을 돌려 하늘을 올려다보면서 말했다.

"하늘이 참 맑구나."

관홍장은 그의 눈길을 바라보다가 그의 입을 바라보았다. 듣고 싶은 말이 있었기 때문이었다.

"이천군에게 돌아가시오."

한주는 한마디로 잘라 말했다.

관홍장은 차마 목소리가 열리지 않아서 소리 높여 울 수도 없었다. 속으로 흐느꼈고 두 줄기 눈물이 뜨겁게 흘러 내렸다. 20년을 기다리며 살아왔는데……, 그녀는 서글픔과 아쉬움을 접으며 이천군의 집으로 향했다.

다시 이천군 이수례에게로

이천군 이수례는 관홍장을 나무라지 않았다. 한주의 딸이 참판 홍인경(洪仁慶)의 부실(副室)이 될 때 이천군은 자기 딸과 다름없이 혼수를 마련해 주었다. 이천군과 관홍장 사이에서 난 아들들은 모두 종실에게 주는 벼슬을 얻었고 자손들도 모두 현달했다.

명종18년(1563년) 5월에 홍인경(洪仁慶: 1525~1568)이 홍문관 부교리 직책을 맡게 되었는데, 『명종실록』의 사관(史官)은 홍인경에 대해 "성품이 온아(溫雅)하다. 마음 씀씀이나 일을 처리함에 있어 비록 특이하다고 일컬어지지는 않았으나, 시류(時流)에 섞이지는 아니하여 쓸 만한 사람이다."라고 평했다. 명종20년(1565년)에 동부승지, 우부승지, 명종21년에 대사간 등을 거쳤다.

비록 관홍장에게서 낳은 딸이지만, 그 딸이 홍인경의 부실이 된 것에 대해 한주는 마음을 놓았다. 그는 서울로 돌아온 이후 조용히 세월을 보내며 지냈다. 선조 즉위 초 1567년에 한주를 재등용하라는 명령이 내렸으나, 그는 이미 세상을 뜨고 없었다. 관홍장도 울었고, 딸도 울었고, 이천군도 슬퍼했다.

당시 을사사화 때 축출되었다가 나중에 돌아와 당상(堂上)에 오른 자가 아홉 명이나 되었다. 귀환하여 얼마 되지 않아 죽은 사람이 세 명이었는데, 한주가 그중 한 사람이었다.

당상(堂上): 정3품 상(上) 이상의 품계에 해당하는 벼슬.

당상에 오른 9인: 백인걸, 노수신, 황박, 김난상, 유희춘, 민기문, 이담, 이진, 이원록.
· 세상을 뜬 3인: 한주, 이염, 유감.

관홍장, 그대는
사랑 따라 붉은 빛깔~ 생계 따라 황금 빛깔~
두 가지 색깔 꽃을 피운 해어화!

매창

부안에서 서울로,
순정과 성애 사이

기녀 스캔들 메이커

삶의 세 줄기

매창(梅窓: 1573~1610)의 본명은 향금(香今). 부친은 부안현의 아전이던 이양종(李陽從). 태어난 해가 계유년(선조6년)이어서 계생, 계랑, 계월이라고도 한다.

매창의 삶은 크게 세 가지로 간추릴 수 있다.

첫째, 매화.

이름은 매창. '창가의 매화'라는 뜻이다. 매화가 난초, 국화, 대나무와 더불어 4군자에 속하는 것처럼, 아무 남자와 교제하지 않았다. 상대를 고름에 있어서 선택과 집중의 전략이 있었다고나 할까.

둘째, 시와 거문고

매창은 시기(詩妓)였다. 많은 한시와 시조를 남겼다. 또 거문고 실력이 뛰어났다. 그래서 거문고와 함께 묻혔다.

셋째, 3인의 명사와의 교류.

첫사랑, 유희춘.

둘째 연인, 이귀.

셋째 소울 메이트(soul mate), 허균.

첫사랑

첫사랑 유희경(1545~1636).

유희경이 젊었을 때 부안에 놀러갔다가 명기 매창을 만났다. 매창은 서울에서 이름난 시인이 왔다는 말을 듣고는, "유희경과 백대붕 가운데 어느 분이십니까?"라고 물었다. 유희경과 백대붕의 이름이 먼 곳 지방까지도 알려져 있었던 것이다.

얼굴은 모르고 소문으로만 들었던 명성의 실체를 서로 확인하는 순간이었다. 그때 매창은 17, 18세쯤, 유희경은 45, 46세쯤. 나이 차가 무려 28살.

유희경은 그때까지 기생을 가까이 하지 않았다. 매창을 처음 만나자마자 <계랑에게(贈癸娘)>라는 시를 지어주었다.

남쪽 지방의 계랑의 명성 일찍이 알려졌고,
시의 율조와 노래가사가 서울에까지 울렸어라.
이제야 참모습을 마주보니,
선녀가 삼청에서 내려온 듯하도다.

曾聞南國癸娘名 詩韻歌詞動洛城
今日相看眞面目 却疑神女下三淸

삼청(三淸): 도교에서 신선이 산다는 옥청·상청·태청의 세 궁(宮).

그는 매창을 만난 뒤로는 그 원칙을 깼다. 이후로 둘은 깊이 사랑하는 연인 사이가 되었다.

임진왜란이 일어나자 유희경은 의병을 일으켰고, 그 이후로 서로 헤어질 수밖에 없었다. 매창은 그때 그리움과 회한의 정을 담은 시조와 한시를 지었다.

다음은 『병와가곡집』에 전하는 매창의 시조다.

> 이화우(梨花雨) 흩날릴 제 울며 잡고 이별한 님
> 추풍낙엽(秋風落葉)에 저도 나를 생각하는가
> 천리(千里)에 외로운 꿈만 오락가락 하노매

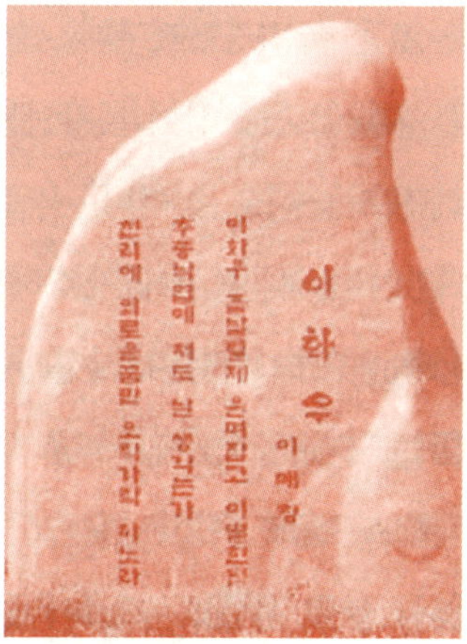

매창의 무덤이 있는 곳을 매창공원으로 조성했다.
오른쪽 비석에는 매창의 시조가 새겨져 있다.

배꽃이 바람이 흩날리는 아래를 걸어보았는가, 희고 흰 것이 그렇게 고울 수가 없다. 그런데 그 아름다운 때에 사랑하는 이와 이별을 해야만 했다. 서러움이 하얀 배꽃보다 더욱 희게 빛나고 있었다.

어느덧 가을이 되어 낙엽이 지는데, 그리움은 더해만 갔다. 임도 나를 생각할까? 아름답던 지난날들을 조금이라도 생각이나 할까? 임이 없이 홀로 있는 매창 자신의 외로움은 깊어만 갔다.

그래서인지 매창은 또 노래했다.

> 내 정령 술에 섞여 님의 속에 흘러들어
>
> 구곡간장을 마디마디 찾아가며
>
> 날 잊고 임 향한 마음을 다스리려 하노라.

이 시조는 유희경으로부터 소식이 오지 않자 지은 것으로 보인다. 자신의 영혼이 술에 섞여 사랑하는 임의 입속으로 흘러들어가 온 몸속으로 헤집고 다니고 싶다니…….

매창은 이 노래와 함께 사랑하는 이를 위해 정조를 지켰다. 유희경 역시 매창을 그리워하며 시를 지었다. 제목은 <계랑이 그리워(懷癸娘)>다.

> 그대의 집은 부안에 있고,
>
> 나의 집은 서울에 있어.
>
> 서로 사랑하지만 서로 만나지 못하고,
>
> 애는 끊어지고 오동나무에 비 내리네.
>
> 娘家在浪州 我家住京口
>
> 相思不相見 腸斷梧桐雨

매창의 절개를 아는지 모르는지, 어떤 나그네가 시를 지어 그녀를 유혹했다. 이에 매창이 즉시 대꾸했다.

평생에 떠돌며 밥 얻어먹기를 배우지 않았으니,
다만 매화 창문에 비치는 달그림자를 사랑할 뿐.
글 지은 사람은 나의 그윽한 뜻을 모르니,
부질없이 흘러가는 구름만 가리키는 일이 많도다.

平生不學食東家 只愛梅窓月影斜
詞人不識幽閑意 指點行雲枉自多

매창은 자신이 여기저기 몸을 맡기는 그런 기녀와는 다르니 흘러가는 구름을 가리키는 것과 같이 헛짓을 그만하고 물러가라는 뜻을 내비쳤다. 그는 조용히 사라졌다.

동시대에 살았던 이수광(1563~1628)이 이 시를 기록하지 않을 수가 없었다. 유희경을 사랑했던 매창, 임을 위해 절개를 지키면서 살았던 매창을 기렸던 것이다. 그 시가 『지봉유설』에 실려 있다.

지봉유설(芝峯類說): 조선 선조 때의 학자 이수광이 지은 책. 우리나라 최초의 백과사전적인 저술로, 천문·지리·병정·관직 따위의 25부문 3,435항목을 고서(古書)에서 뽑아 풀이했다.

매창은 1607년 유희경을 다시 만났다. 그때 유희경이 62세 노인이어서 예전처럼 깊은 사랑을 나누지는 못했을 테지만, 매창은 못다 한 회한의 정을 다 풀었는지 3년 뒤에 세상을 떴다.

두번째 연인, 이귀

이귀(李貴: 1557~1633): 1603년 정시문과에 급제하여 형조좌랑·안산군수·양재도찰방·배천군수·함흥판관 등을 두루 지냈다. 뒤에 영의정으로 추증되었다. 인조 묘정에 배향되었다. 저서로는 『묵재일기(默齋日記)』가 있다.

매창이 마음을 준 두 번째 남자, 이귀(李貴).

매창이 유희경과 헤어진 후, 정을 준 남자였다. 이귀는 김제군수로 내려왔다. 김제는 부안과 맞닿아 있는 고을이어서 매창과 이귀는 서로 오가며 사귀었다.

이귀는 아버지가 영의정에 추증된 정화(廷華)이며, 어머니는 안동 권씨다. 명문 집안 출신으로 글재주까지 뛰어났다. 이이(李珥)와 성혼(成渾)에게서 배웠다.

이귀는 1592년 임진왜란이 일어나자 의병을 일으켰다. 평양으로 피난한 선조를 찾아가 방어대책을 올렸다. 1593년에 장성현감, 군기시판관, 김제군수 등을 거쳤는데, 김제군수 시절에 매창을 만난 것이다. 그때 매창의 정인이 되었다.

매창이 이귀의 정인이었음을 허균도 알고 있었다.

허균, 세번째 연인, 소울 메이트(soul mate)

세 번째 남자 허균(1569~1618).

허균은 1601년 6월 전운판관(轉運判官)이 되어 3창의 조운(漕運)을 감독하러 내려왔다. 그러던 중 부안에 들렀고, 거기에서 매창을 처음 만났다.

허균은 <조관기행(漕官紀行)>에 매창을 만났던 때를 이렇게 적어 두었다.

신축년(1601년) 7월 23일. 부안에 도착하니, 비가 세차게 와서 객사에서 머물렀다. 고홍달(高弘達)이 인사를 왔다. 기생 계생(桂生)은 이옥여(李玉汝)의 정인(情人)이다. 거문고를 키며 시를 읊었다. 비록 생김새는 아름답지 않으나, 재주와 정감이 있어서 함께 이야기를 나눌 만했다. 온종일 술잔을 놓고 시를 읊으며 화답했다. 밤에는 계생의 조카딸을 침실로 들였으니 혐의를 피하기 위해서였다.

매창은 허균과 육체적인 관계를 맺지 않았다. 당시 허균은 32세, 매창은 28세. 당시 매창은 이옥여, 즉 이귀(李貴)와 사랑하는 사이였다. 매창은 육체적인 관계를 맺기보다 정신적으로 교류하고자 했다. 허균은 그녀의 뜻을 알아차리고 그녀에게 잠자리를 요구하지 않았다. 인간 대 인간으로서 정신적인 교감만 할 뿐이었다.

허균은 이듬해 정월에 형조정랑이 되어 서울로 돌아왔다. 이후에 병조정랑, 사복시정 등을 지냈으며, 1604년 이후로는 파직과 복직을 되풀이했다.

1607년 12월 공주목사가 되어서는 심우영, 이경준 등의 서출들과 어울리면서 그들을 도왔다. 이들 서출들은 훗날 '칠서지옥(七庶之獄)'의 장본인들이다. 조령(鳥嶺)에서 살인강도 사건이 일어났는데 그 범인들이 당시 권문세가의 서자 일곱 명이었다고 한다. 이 사건으로 허균이 위

조령(鳥嶺): 경상북도 문경과 충청북도 괴산에 있는 고개. 높이 643m.

험에 처하게 되었으나 서출들이 그와의 관련성을 적극 부인함으로써 위기를 모면하게 되었다.

1608년 성품이 경박하고 무절제하다는 이유로 공주목사에서 해임되었다. 그때 허균은 다시 부안으로 내려갔다. 허균은 39세, 매창은 35세였다. 30대 중후반의 나이, 7년 전에 비해서 이제는 더욱 느긋하게 사귈 수 있었다. 매창은 허균과 가까이 지내며 참선(參禪)도 배웠다.

참선(參禪): 선사(禪師)에게 나아가 선도를 배워 닦거나, 스스로 선법을 닦아 구함.

그것도 잠깐, 일 년도 채 안되어서 12월에 허균은 정3품 승문원 판교의 교지를 받고 다시 서울로 올라갔다. 허균은 매창에게 편지 두 통을 보냈는데, 이듬해 1609년 정월에 한 편, 9월에 한 편을 보냈다. 9월 편지를 보자.

계랑에게

봉래산의 가을빛이 한창 무르익어가니, 돌아가고픈 생각이 문득문득 나오. 그대는 내가 시골로 돌아가겠단 약속을 저버렸다고, 웃을 거요. 그 시절에 만약 조금이라도 다른 생각이 있었더라면, 나와 그대의 사귐이 어찌 십 년 동안이나 다정하게 이어질 수 있었겠소. ……

봉래산(蓬萊山): 금강산. 여름에 봉래산이라 불렸다.

이젠 풍류객 진회해(秦淮海)가 진정한 사내가 아니고 망상을 끊는 것이 몸과 마음에 유익한 줄을 알았을 거요. 어느 때에야 만나서 이 마음을 다 털어 놓을 수 있을런지 편지 종이를 대하니 서글퍼진다오.

진회해(秦淮海): 중국 송(宋)의 진관(秦觀).

허균은 매창에게 자연 속에 파묻혀 살겠노라고, 매창과 함께 지내겠노라고 약속했었다. 허균은 세월이 흘러도 여전히 매창에게 하고 싶은 말들이 더 있었다. 그러나 허균은 그 약속은 지킬 수 없었고, 하고 싶었던 말들은 가슴에 묻어야 했다. 애석하게도 이듬해(1610년)에 매창이 죽었기 때문이다.

허균은 슬퍼하며 두 편의 시를 지었다. 다음은 <매창의 죽음을 애도하며(哀桂娘)>라는 시다.

기묘한 글귀는 비단을 펼친 듯하고,
맑은 노래는 머물고 있는 구름도 풀어 헤치네.
복숭아를 훔쳐서 인간세계로 내려오더니,
선약을 훔쳐서 인간무리를 떠났네.
부용꽃 휘장엔 등불이 희미하기만 한데,
비취색 치마엔 향내 아직 남아 있도다.
이듬해 복사꽃 방긋 필 때쯤이면,
어느 누가 설도의 무덤을 찾을는지.

妙句甚擒錦 淸歌解駐雲
兪桃來下界 竊藥去人群
燈暗芙蓉帳 香殘翡翠裙
明年小挑發 誰過薛濤墳

매창과 허균의 교제는 연인이 아니라 우정을 간직한 친구 사이였다. 허균은 매창과 마음을 터놓고 지내던 사이였다. 그녀가 세상을 떠난 후에도 허균에게는 여전히 그녀의 향기가 배어 있었던 것이다.

매창과 허균은 남녀 간에 평생 함께 우정을 지키는 친구 사이였다. 소울 메이트(soul mate)였다고나 할까. 허균은 매창이 그리 아름답지는 않지만 절개가 있고 색을 좋아하지 않은 점을 아꼈다. 매창 역시 시와 노래, 거문고로 허균과 교유했다. 서로 마음을 터놓고 이야기하고, 스스럼없이 농담을 할 정도로 친했다. 그러나 그 정도가 지나치지 않았기 때문에 오래도록 우정이 변하지 않았던 것이다.

허균의 이런 점은 부친 허엽의 스승인 서화담에게서 간접적인 영향을 받았는지도 모른다. 명기 중에 명기인 황진이가 서화담과 교제했음은 잘 알고 있다. 그런데 서화담은 황진이와 육체적인 관계를 맺지 않고 거리를 두면서 정신적, 문학적으로 교유했다. 황진이가 서화담을 유혹하려다 실패한 뒤에, 서화담, 황진이, 박연폭포를 가리켜 '송도삼절(松都三絶)'이라고 했다지 않은가.

향년 38세. 참으로 길지 않은 세월이었다. 매창은 부안읍 남쪽에 있는 봉덕리 공동묘지에 거문고와 함께 묻혔다. 첫사랑 유희경, 진솔한 사랑 이귀, 소울 메이트 허균을 간직한 채로.

죽은 지 45년 되던 해(1655년), 그녀의 무덤 앞에 비석이 세워졌다. 1668년 부안 고을의 아전들이 전해 오던 시 58편을 모아 개암사에서 간행했다. 『매창집』이다. 너도나도 시집을 찍어달라고 해서 개암사의 재원이 바닥날 정도였다.

또 하나의 이야기, 풍류방에서의 성애(性愛)

그런데 매창이 유희경을 만났을 때 단순히 순정파 소녀였을까. 18세 명기로서 양반 풍류를 익히 알고 있지 않았을까.

매창이 주인공으로 설정된, <기평시율(妓評詩律)>이라는 야담이 있다. 매창이 시를 평가했다는 것인데, 어떤 시를 첫째로 뽑았을까?

이 이야기는 『기문총화』, 『계서잡록』, 『청야담수』, 『동야휘집』 등 여러 야담집에 전한다. 물론 그 이야기가 사실로 확인된 것은 아니다. 매창의 명성에 누가 될지도 모르지만, 야담집에 전하는 것이어서 소개해 보기로 한다.

그 이야기를 대강 제시하면 이렇다.

김(金), 최(崔), 유(柳) 세 선비는 다들 기녀 계월을 품에 안고 싶어 안달이 났다. 계월은 이렇게 제의했다.

"내 마음에 드는 시를 짓는 자를 골라 하룻밤을 허락하겠어요. 그런데 다음과 같이 시를 짓는 경우가 있어요."

그러면서 계월은 두 편을 읊었다. 그중에 한 편을 보자.

> 옥같이 흰 팔은 천 사람의 베개요,
>
> 붉은 입술은 만 사람의 것이네.
>
> 네 몸이 칼이 아니어든,
>
> 어찌하여 내 창자를 끊느냐.

달 뜬 한밤중 다리가 춤을 추니,

이불에서 한 줄기 바람이 일도다.

이 때 무한한 즐거움,

오직 두 사람이 함께 하리라.

玉臂千人枕 丹脣萬客嘗

汝身非霜刃 何遽斷我腸

足舞三更月 衾翻一陣風

此時無限味 惟在兩人同

이 시는 기생과 남성이 성관계를 하는 것을 노래한 것이다. 그런데 계월은 간단하게 혹평을 내린다.

“이 두 편의 시는 누구나 읊조릴 수 있기 때문에 가치가 없어요.”

김(金)과 최(崔)는 순간 생각에 잠겼다.

‘뭐! 그렇다면 음탕한 내용을 피하라는 거야?’

둘 다 누가 먼저라고 할 것도 없이 묘한 웃음을 지으며 바로 시를 지었다.

김(金)이 먼저 쓰고 이어서 최(崔)가 썼는데 두 사람 모두 연인들이 이별하는 장면과 이별 후에 임을 그리워하는 심정을 담은 시를 지었다. 김과 최는 계월의 선택을 기다렸다.

여전히 계월은 얼굴을 찌푸리고 탐탁지 않게 여겼다. 그러다가 김(金)이 계월의 생각을 꿰뚫게 되었다. 곧 바로 시를 죽 써내려갔다.

가을밤이 길다고 말하지 말라,
등 앞에 향하여 치마 벗기를 재촉한다.
비록 눈을 뜨지 않았으나 눈알은 기운을 토하고,
두 가슴이 서로 합하여 땀은 향내를 풍긴다.
다리는 개구리 다리가 움직여 물결이 이는 것 같고,
허리는 잠자리가 물을 차는 듯이 바쁘도다.
내 그것이 기운 센 것을 언제라도 자랑하리니,
물건의 깊고 옅은 것을 낭자에게 묻노라.

秋宵易曙莫言長 促向灯前解繡裳
獨眼未開睛吐氣 兩胸自合汗生香
脚如螻蟈波翻急 腰似蜻蜓點水忙
强健向來心自負 愛根深淺問娘娘

시에는 남녀의 농후한 정사 장면이 담겨 있다. 두 가슴을 맞대고 있는 모습, 개구리가 다리와 같은 두 다리 모습, 잠자리가 물을 차는 듯한 허리의 모습, 남성의 힘 자랑 등등. 김(金)은 계월에게 자신과 동침하면 성적 희열을 맛보게 해 줄 것이라고 넌지시 말한 것이다.

계월이 그 시를 막 선택하려 했다. 순간 내내 조용히 있던 유(柳)가 끼어들었다.

"잠깐, 나도 시를 조금은 아오. 어때 좀 기다려보는 것이."

계월과 김(金)이 동시에 유(柳)를 쳐다보았다.

유(柳)는 냉큼 붓을 집어 들더니 먹물을 듬뿍 묻혔다. 먹물이 막 떨어지려는 찰나, 붓은 종이 위에서 춤을 추었다.

봄 찾는 호걸이 기운 뻗치니,
비취 이불 속에 그대를 만났네.
흰 팔을 잡고 두 다리를 올리고,
붉은 구멍을 꿰었으매 두 줄이 둥글도다.
교태로운 얼굴을 얼핏 보니 안개 서린 듯하고,
점차로 긴 하늘이 동전 만하게 보이기만 하누나.
이 속에 만약 재미가 유별남을 말할진댄,
하룻밤 높은 값이 천금에 해당하리라.

探春豪士氣昂然 翡翠衾中有好緣
撑去玉臂陽脚屹 貫來丹穴兩絃圓
初看嬌眼迷如霧 漸覺長天小似錢
這裡若論滋味別 一宵高價値千金

한순간이었다. 유(柳)는 붓을 벼루에 놓고서는 헛기침을 해댔다.

과연 이보다 적나라할 수가 있을까. 여성의 흰 팔을 잡고 두 다리를 올린 모습이 농염한 체위를 연상케 한다. 붉은 구멍을 꿰뚫은 모습은 또 무엇인가? 그런 후에 안개가 서린 듯한 여성의 얼굴과, 이어 점차 먼 하늘이 동전 만하게 느껴지는 황홀감의 극치. 에로스의 정점.

자신과 하룻밤을 보내면 그런 재미를 맛보게 해주겠단다. 유(柳)는 김(金)보다 노골적인 정사 장면과 여성의 홍분 상태로 유혹했던 것이다.

그러자 계월은 아무 미련도 없이 김(金)을 떨쳐내고 하룻밤 상대로 유(柳)를 선택했다.

이 야담은 매창이 죽은 후에 그 누군가가 매창의 이름에 의탁하여 장난삼아 썼던 이야기로 보인다. 시를 주고받는 기방풍속의 한 장면을 배경으로 자유분방하게 성애(性愛)를 추구하는 기녀의 모습을 제시한 것이다.

그렇지만 이 이야기가 단순히 허황되지만은 않은 것 같다. 시와 거문고에 능숙한 매창은 명성이 서울까지 퍼졌는데, 매창이 유희경과 만난 때가 18세였으니, 그전에 이미 유명했던 것은 틀림없다. 대체로 7, 8세에 동기(童妓)가 되어 훈련을 받고 14, 15세쯤에 기녀로 활동했던 당시 풍속을 고려할 때, 더 그렇다.

이 야담에서는 매창을 15세의 나이로 설정하여 매창을 요염하고도 관능적인 여성으로 바꿔놓은 것으로 보인다. 사실과는 무관하게.

허균은 어떤 사람이었나?

과연 허균은 매창을 소울 메이트로 사귀면서 오매불망 그녀만을 그리워하며 다른 기녀들을 가까이 하지 않았을까?

잘 알다시피 허균은 <홍길동전>의 저자로 유명하다. 그는 26세 때 정시문과에 급제했고 29세 때 문과 중시에서 장원으로 급제한 당대의 엘리트 중에 엘리트였다.

그의 가문도 대단했다. 아버지 허엽은 경상도관찰사를 지냈고, 이복형 허성은 대사간과 판서를 역임했다. 허난설헌으로 잘 알려진 여성이 그의 누이 허초희다. 부친, 형, 누이 그리고 허균 자신까지 모두 내로라하는 문인들이었다.

공무(公務): 국가나 공공 단체의 일.

허균의 관직 생활은 어땠을까? 그는 관직 생활을 하는 동안 공무 사이사이에 겪었던 일을 상세히 기록했다. 심지어 기녀와 정분을 맺는 것까지도 부끄럼 없이 빼곡하게 적어 놓았다.

그 대표적인 책자가 <조관기행(漕官紀行)>이다. 이를 중심으로 허균의 일상을 엿보기로 한다.

전운판관으로서의 풍류

33세 때, 허균은 전운판관(轉運判官) 직을 맡고 3창(三倉)에 가서 전운(轉運)을 감독했다. 전운을 조운이라고도 하는데, 조운(漕運)이란 세금으로 징수한 곡물 등을 선박으로 운송하던 일을 뜻한다. 조운을 맡은 판관을 줄여서 조관이라고도 한다. 그러니까 <조관기행>은 전운판관 직을 맡아 지방으로 내려갔던 기간 동안 겪은 일을 기록한 기행문이 되는 것이다.

배가 출발하는 강변이나 해안에 설치한 창고를 조창이라고 한다. 허균이 살았던 시대에 조창으로는 현재의 충남 아산 지역에 설치된 공진창, 전북 군산에 설치된 군산창, 전남 영광에 설치된 법성창이 있었는데, 이 세 곳을 가리켜 3창이라 불렀다.

허균이 조관 직책을 맡은 기간은 선조34년(1601년) 7월 8일부터 이듬해 1월 5일에 귀경하기까지 약 6개월 동안이었다.

7월 8일, 조정을 하직하고 동작나루를 건널 때, 장마로 강물이 불어서 가까스로 건넜다. 그 이후 7월 11일, 12일에 공진창에서 쌀 4,200석을 배 12척에 싣고 보고서를 올렸다. 7월 21일에는 군산창에서 쌀 싣는 일을 감독하고 보고서를 올렸다. 8월 6일, 7일에는 법성창에서 쌀 3,070석과 콩 1,000석을 배 13척에 실었다. 8월 27일, 28일에는 다시 공진창으로 올라가서 쌀 2,300속을 배 6척에 나눠 싣고 보고서를 올렸다. 9월 24일부터 10월 22일까지는 부안에서 장인 67명과 인부 300명을 동원하여 배를 만들게 했다.

이렇게 허균은 3창을 오르락내리락하면서 직책을 부지런히 그리고 무리 없이 수행했다.

그는 공무를 수행하던 중에 만난 지인들이나 고을 수령들과의 교류를 기록해두기도 했다. 몇 가지 재미난 것을 그의 눈에 비친 대로 적어 보기로 한다.

수원을 지나 시골집에 있는 제로(濟老)를 방문하여 잉어와 연뿌리에 쌀밥으로 포식했다. 공진창에 도달해서는 파리, 모기가 들끓어 그 고통을 말하기가 어려웠으며, 게다가 썩은 안주가 내뿜는 지독한 냄새로 역겨움을 떨칠 수가 없었다.

서천에서는 태수 김희태가 차려준 연회장이 매우 호사스럽고 음식이 푸짐하여 마치 대국의 제후로서 대접을 받는 듯한 착각에 빠질 정도였다. 예산에서는 동헌의 석가정에서 마음껏 즐겼다. 어릴 적 동갑내기 친구 강홍립을 만나 그의 숙소에서 묵기도 했다. 율곡 선생의 아우인 이우를 고부에서 만나기도 했다. 그는 고향 선배다.

마침 맏형 허성이 전라도관찰사로 부임하는 중이었다. 8월 23일 허균은 임천에서 마물렀는데 형이 전라도관찰사로 임명을 받았다는 소식을 접했다. 29일에 전주로 부임하는 형을 직산에서 만나 한 이불을 덮고 잤다. 이튿날 형은 전주로 먼저 떠나고, 허균은 뒤따라오는 형수와 세 조카들을 기다렸다가, 9월 3일 형수와 조카들을 데리고 전주로 향했다.

9월 7일. 허균 일행은 삼례를 거쳐 전주로 들어갔다. 이미 도착한 형은 허균 일행을 환대했다. 그 장면을 보자.

> 삼례(參禮)에서 점심을 먹고 전주로 들어가는데 판관이 기악(妓樂)과 잡희(雜戱)로 반마장이나 나와 맞이했다. 북소리 피리소리로 천지가 시끄럽고, 천오(바다 귀신춤), 상학(학춤), 쌍간희환(雙竿戱丸), 대면귀검(탈춤) 등 온갖 춤으로 길을 메우니 구경하는 사람들이 성곽에 넘쳤다. 나는 큰조카에게, "이 길이 네가 과거에 합격해서 돌아오는 길이 아닌 것이 한스럽다."라고 농담을 하니, 큰조카도 배를 잡고 웃었다. 이윽고 동헌에서 형님을 뵈었다.

객사(客舍): 각 고을에 설치하여 외국 사신이나 다른 곳에서 온 벼슬아치를 대접하고 묵게 하던 숙소.

중앙에서 내려온 관료들에게 지방 관아에서 기녀들을 동원하여 향응을 베푸는 것은 당시의 관례였고, 일종의 풍속이기도 했다.

허균은 아마 전주 객사(客舍)에서 여장을 풀었으리라.

전주 객사: 보물 第583호. 전라북도 전주시 완산구 중앙동에 있는 조선 전기의 건축물. 지금은 주관(主館)인 진남루(鎭南樓)와 서익헌, 수직사(守直舍)가 남아 있다. '풍패지관(豐沛之館)'이라 쓴 편액(扁額)이 걸려 있다.

허균이 만난 기녀

이 외에도 허균은 기녀와의 교류 상황을 매우 상세하게 적었다. 6개월 동안 허균은 매창을 비롯하여, 낙빈, 선래, 산월 그리고 광산월 등 여러 기녀들을 만났다.

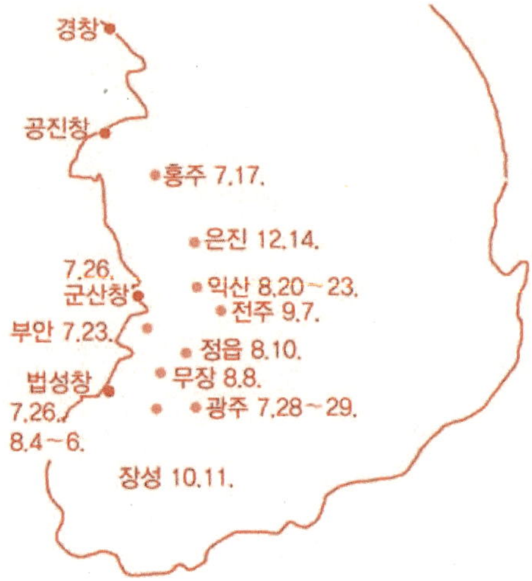

7월 17일. 홍주에서 허균이 행수기생을 곤장으로 때린 일이 발생했다. 왜 그랬을까? 이날의 기록을 보자.

동상(東廂): 관아의 동쪽에 있는 처소.

벌목관(伐木官): 나무를 베는 일을 맡은 관리.

아헌(衙軒): 지방 관아에서 수령들이 공사(公事)를 처리하던 중심 건물.

홍주에 이르러 동상(東廂)에서 잠깐 휴식을 취했다. 벌목관(伐木官) 박경현이 아헌(衙軒)에 와서 아전을 보내어 어느 방에 묵을 것인지를 물었다. 나는 그가 동상에 오고 싶어 하는 것을 알고 따지지 않고 바로 아헌으로 갔다. 벌써 목사 우복룡이 박경현과 연회를 시작하고 있었다. 소리하는 기녀들이 앞에 즐비했다.

나는 취중에 목사에게 부탁했다.

"목사는 내 형님과 같으시니 아헌에서 며칠 머물렀으면 합니다. 이곳으로 와도 되겠습니까?"

목사는 기꺼이 승낙했다. 저녁에 박경현은 동상으로 옮겨 갔다. 밤에 박의 방에 들어가야 할 기녀가 내가 있는 곳으로 잘못 들어왔으므로 쫓아 보내고 행수기생에게 (죄를 물어) 곤장 수십 대를 때렸다.

잔치 자리에서 박경현은 아마 어떤 기생을 마음에 들어 했으리라. 그런데 잔치가 끝난 후에 그 기녀는 허균의 침실로 들어오고 말았다. 그녀가 품고 싶은 이는 정작 허균이었나 보다. 아무리 취중이었지만 허균은 난감했다. 그녀를 품었다가는 박경현의 감정이 상할 것은 뻔했다.

그 기녀를 혼쭐내야만 했다. 하지만 기생을 때려 놓으면 그날 밤 박경현의 만리장성 쌓기는 초치고 말 것이었다. 허균은 그녀를 박경현에게 들여보내고, 자신의 단호함을 보여주기 위해 행수기생을 곤장으로 족쳤던 것이리라.

허균은 '오는 여자 안 막고 가는 여자 안 잡는' 남자는 아니었다. 기녀를 사이에 두고 싸움질을 일삼는 구질구질한 관료들과는 달랐다. 어쩌면 허균은 풍류방(風流房)의 프로(professional)?

풍류의 달인다운 모습은 엿새 후 7월 23일에 부안에서 매창을 만났을 때에 보다 분명하게 확인된다. 매창을 마주보고 거문고를 켜고 술을 마시며 한껏 즐겼는데, 그날 밤 품은 기생은 매창이 아니었다. 허균이 매창과 잠자리를 하지 않은 것은 매창이 김제군수 이귀의 정인이라는 사실을 알았기 때문이다. 허균은 매창과 육체적 관계는 맺지 않되 정서적, 정신적으로는 교감하는 '소울 메이트(soul mate)'로 사귀었던 것이다.

그렇다고 허균의 천성이 기녀와 관능적이고 향락적인 생활을 꺼리는 것은 결코 아니었다. 계속되는 일기의 내용을 보자.

7월 26일. 법성창에서 서울 기녀인 낙빈(洛濱)・선래(仙萊)・산월(山月)을 만났을 때 분위기가 질탕했다. 태수 경퇴부가 차려준 잔치였다. 그 자리에 친구 정홍연도 어울렸다. 허균은 당시 상황을 "술잔은 넘쳐흘렀고 거문고와 노래를 번갈아가며 연주했다."고 적었다.

7월 28일, 광주에 도착해서 뜻밖에 광산월을 만났다. 그녀는 허균이 젊은 시절 서울에서 만나 정을 나눈 사이였다. 그날 밤 그녀와 동침했다. 그 농탕함에 대해, "광산월이 와서 위로했는데, 평생의 즐거움을 나누며 밤을 새웠다."라고 적었다. 허균은 8월 23일까지 거의 한 달 내내 광산월과 함께 했다.

그날부터 10월 11일까지 50일 간, 허균의 조운 공무로 떨어져 지내게 되었다. 허균이 공진창의 조운 업무로 충청도로 재차 올라갔기 때문이다. 그때 광산월은 광산월대로 전라감사의 잔치에 동원되어 전주로 갔다. 허균이 공무를 마치고 전주 쪽으로 내려온 이후 10월 11일 장성에서 둘은 다시 합류했고, 그 이후 12월 14일까지 두 달 남짓 재차 함께 했다. 허균이 전운판관 6개월 동안 광산월과 동거한 기간은 총 3개월이 되는 셈이다.

그 기간 동안에 우리의 눈길을 끌기에 충분한, 웃음을 자아낼 만한 사건이 벌어졌다. 오성 태수 경퇴부가 중앙에서 파견된 허균을 골탕 먹이려고 했던 것이다. 허균이 과연 당했을까?

8월 1일. 허균이 광주를 떠날 때 목사 이상길로부터 5일에 광산월을 오성(箕城)으로 보내주겠다는 약속을 받아냈다.

8월 4일. 허균이 오성에서 태수 경퇴부(慶退夫), 내기(萊妓)와 즐겁게 마시고 놀았다. 허균이 그 기생과 잠자리에 들었다.

내기가 물었다.

"옛 정인이 여기까지 따라오려고 하지 않았어요?"

옛 정인이라면, 광산월이다. 허균은 속여 대답했다.

"그럼. 목사가 보내주려 했지. 하지만 내가 사양했다."

8월 5일. 새벽에 경퇴부가 덕원, 내기와 함께 허균을 속일 계책을 세웠다. 마부에게 거짓말을 하도록 시켰다.

"광산월이 사기원에서 묵고 아침에 군에 들어설 것입니다."

그들은 허균이 정청(庭廳)에 나가는 틈을 타서 늙고 추한 기생을 허균의 방에다 숨겨 놓았다. 얼마 뒤에 시중꾼이 허균에게로 와서 광산월이 벌써 와서 방에 들어 있다고 전했다.

정청(庭廳): 정무(政務)를 보는 관청.

태수 경퇴부는 겨우 웃음을 참으면서 말했다.

"방에 들어가면 즐거운 일이 있을 것이니 다녀오시게."

허균은 이미 이상한 낌새가 있음을 알아차렸다.

'방에는 광산월이 아니라 어떤 늙고 추한 기생을 들어 앉혀 놓았겠지. 내가 방에 들어가면 늙은 기생이 나를 끌어당기고 곤란하게 하겠지. 그럼, 난 웃음거리가 되는 것이 아닌가?'

허균은 굳이 사양하고 일어나지 않았다. 점심상이 나올 때까지 방에 들어가지 않았다.

허균은 몰래 심부름꾼을 불러 광산월이 오는 길목에 가서 광산월에게 빨리 오라고 일렀다. 목사 이상길이 광산월을 5일까지 보내주기로 약속했으니까, 그녀가 당도할 때가 되었기 때문이다. 허균은 광산월을 불러들여 자신을 놀리려 했던 자들을 거꾸로 놀려주고 싶었던 것이다.

해가 어스름해지자 광산월이 당도했다. 고운 화장과 아름다운 옷이 빛났다. 함께 있던 사람이 모두 멍하니 쳐다보았다. 경퇴부와 내기(萊妓)는 공모가 성공하지 못한 것을 두고 입을 삐죽거렸다. 허균을 비롯하여 모두들 한바탕 크게 웃은 뒤에 풍악을 울리고 술을 마시며 즐겁게 놀았다.

이 사건은 8월 4일부터 시작해서 이튿날 오후까지 이어졌다. 여기에서 허균의 장난기어린 면모를 엿볼 수 있다. 실제로 일어났던 일인데도 마치 꾸며낸 이야기처럼 들린다. 허균은 풍류계의 프로였다!

광산월과 허균의 동거는 12월 14일 허균이 공무를 마치고 귀경하게 되면서 막을 내렸다. 물론 광산월은 허균을 배웅하여 은진까지 따라왔다. 광산월이나 허균이나 서운했겠지만, 별 도리가 없었다. 광산월은 광주에 매여 있는 기생이니 허균을 따라갈 수 없었고, 허균 또한 기생을 데려갈 수 없었던 것이다.

이로부터 8년 뒤 광해2년(1610년)에 광산월은 서울로 올라왔다. 광해군은 임진왜란 이후로 끊겼던 진풍정(進豊呈)을 실시하면서, 지방의 기녀와 악공들 중에서 재주가 있는 자들을 가려 뽑아 서울로 올라오게 했을 때였다. 그때 광산월도 뽑혀 서울로 올라와, 학생 이의숭의 집에 머물렀다. 이의숭과 광산월은 사랑하는 사이가 되었다.

진풍정(進豊呈): 진연(進宴)보다 규모가 크고 의식이 정중한 궁중의 잔치.

당시에 장악원에서 진풍정을 대비하여 기녀들에게 교육을 실시하는데 광산월만이 참석하지 않아 물의를 일으켰다. 이의숭이 사랑하는 광산월을 끼고 내놓지 않았던 것이다.

이 때 장악원에서 이렇게 아뢰었다. 『광해군일기』의 기록이다.

> 기녀들이 모두 출석했습니다. 그런데 광산월만이 여태 나타나지 않았습니다. 학생(學生) 이의숭(李義崇)이 이리저리 빼돌리면서 관원에게 가당치도 않은 말을 해대니, 가증스럽기 짝이 없습니다. 이의숭을 잡아들여 죄를 묻고 광산월도 죄를 다스린 뒤에 출석하도록 독촉하는 것이 어떻겠습니까?

광해군이 허락했다. 그 뒤로 광산월이 어찌 되었는지 기록이 남아 있지 않다.

그즈음에 허균은 무얼 하고 있었나? 광산월이 뽑혀 다시 서울로 올라오기 두 해 전인 1608년에, 허균은 공주목사에서 해임되어 부안으로 내려갔다. 거기서 매창을 다시 만났다.

첫 번째 만남은 아까 언급했던 대로 조운판관으로 호남 지방에 내려가서 부안에 들렀을 때였다. 매창을 만났지만 육체적인 정분을 나누지도 않았으며 그것도 단 하루 만나고 헤어졌을 뿐이다. 매창에게는 이미 사랑하는 사람이 있었고, 허균 역시 광산월에게 깊이 빠져 있었던 때라 매창을 품지 못했다고 아쉬울 것도 없었다.

매창을 두 번째 만난 때가 바로 공주목사에서 해임되어 부안으로 갔던 1608년이었다. 허균은 부안에 머문 지 1년도 안 되어 정3품 승문원 판교가 되어 다시 서울로 올라오게 되었지만, 이때의 만남에서 허균과 매창은 예전과는 달리 마음을 터놓는 사이로 발전했다.

허균은 서울에 올라와서 이듬해 9월 매창에게 그리움이 담뿍 담긴 편지 두 통을 보내기도 했다. 그러나 애석하게도 일 년 뒤인 광해2년(1610년)에 매창이 죽었다는 소식이 들려왔다.

광주 기생 광산월이 두 번째 상경했던 1910년(광해2년) 즈음에 허균의 마음이 온통 매창에게 쏠려 있었다. 그래서 그랬나, 그해 허균은 42세로 2월에 천추사로 발탁되어 요동도사와 국제 문제를 해결하라는 명을 받았으나, 병이 들었다고 핑계대고 거절했다가 파직되었다. 10월에 나주목사에 임명되었지만 곧 취소되었다.

전시(殿試): 복시(覆試)에서 선발된 사람에게 임금이 친히 치르게 하던 과거. 특별한 사유가 없는 한 떨어뜨리지 않았다.

대독관(對讀官): 임금이 몸소 보게 하는 과거에서 독권관을 보좌하도록 하기 위하여 임시로 임명하던 벼슬.

11월에 조정에서는 전시(殿試)를 실시했다. 허균이 대독관이 되어 답안지를 채점했는데, 조카와 조카사위를 합격시켰다는 혐의를 받고 42일 동안 의금부에 갇혀 지내다가 전라도 함열로 유배당했다. 함열은 매창의 고향인 부안과 지척지간이다.

그러나 매창은 세상을 떠난 뒤였다. 이번에는 하늘이 허균과 매창의 만남을 허락하지 않았다.

8 일선

임 앞서 보낸 후에
단천을 물들이고

기녀 스캔들 메이커

일선에게 정표를 내리기까지 37년

천한 기녀가 한 남자를 사랑하여 절개를 지켰다. 주인공은 바로 단천 기생, 일선이다. 한자로는 '一仙', '逸仙', '日仙' 등으로 쓰였다.

효종3년(1652년)에 함경도에서 단천 기생 일선의 절행을 보고하여 정표(旌表)를 내려달라고 청했다. 받아들여지지 않았다.

그 후로 12년이 지나 현종5년(1664년)에 이조판서 김수항이 다시 일선에게 정표를 내리자고 건의했지만 이번에도 받아들여지지 않았다. 이듬해 예조좌랑 김만중(金萬重)이 연거푸 정표를 내리자는 의견을 올렸으나 역시 허탕이었다. 그러자 김만중은 개인적으로 일선의 절행을 기려 <단천절부시>를 지었다.

김만중(金萬重): 송시열의 제자로서 서인 학자이며, 소설 〈사씨남정기〉와 〈구운몽〉을 지었다.

26년 후인 1691년(숙종17년)에 마침내 조정에서 일선에게 정문을 세울 것을 명했다. 그녀의 지조 있는 행위가 조정에 보고되어 열녀의 정표를 내리기까지 무려 39년이나 걸렸다. 그동안 임금이 효종에서 현종으로, 현종에서 숙종으로 무려 세 왕이 바뀌었다.

정표(旌表): 착한 행실을 세상에 드러내 널리 알림.

임진왜란과 병자호란, 당시의 조선

여기에서 잠시 이야기를 접어두고 당시 조선의 상황이 어떠했는지 알아보자. 반세기쯤 전으로 거슬러 올라가 1592년에 임진왜란이 발발하여 7년 동안 지속되었다.

기가 막히는 것은 임진왜란 때 왜군이 조선 땅에 발을 들여 놓은 지 한 달도 채 되지 않아서 서울이 침략되었다는 사실! 1592년 4월 14일 오후 5시에 왜군이 부산포에 상륙했고, 다음 달 5월 2일에 서울을 접수했다. 조선을 침략한지 20일 정도밖에 되지 않은 기간이었다.

임진왜란이 끝난 후 약 37년이 흐르면서 전란의 상처가 어느 정도 아물어 가는가 했더니, 1636년에 병자호란이 발생한다. 조국 산하는 여진족의 말발굽으로 재차 짓밟히기에 이르렀다.

그에 앞서 정묘호란이 있었다. 1627년에 일어난 이 전쟁에서 패배한 조선은 여진족이 세운 후금과 형제 관계를 맺었다. 9년이 지나는 동안 후금은 세력을 넓히고 1636년 4월에 국호를 청이라 고쳤다. 그해 12월 2일에 군사를 이끌고 조선으로 향했다. 병자호란이 일어난 것이다.

12월 9일 조선 땅에 발을 들여 놓았고, 남한산성에서 인조 임금이 1월 20일에 항복했다. 항복하기까지 40일밖에 걸리지 않았다. 이제는 형제 관계가 아니라 군신 관계를 맺는 치욕을 감수해야 했다.

임진왜란 때에 서울이 적의 수중에 떨어진 때가 20일, 병자호란 때 항복한 때가 40일, 참으로 우리 조선은 강하고도 강한 나라였다.

두 전란은 동아시아 국제 전쟁의 성격을 띤다. 일본은 임진왜란 이후 도요토미 정권이 붕괴하고 도쿠가와 정권이 들어서서 쇄국정책으로 바뀌게 되었다. 임진왜란 때 원군을 보냈던 명나라는 국력이 쇠약해져서 후금에게 나라의 반쪽을 내어주더니 나중에는 멸망하기에 이르렀다. 중국 땅에 오랑캐가 건국한 청나라가 들어선 것이다.

그런데 어쩐 일인지 조선에게는 행운이라면 행운이었다! 중국과 일본의 상황과는 달리, 조선은 멸망하지 않았던 것이다. 물론 그 충격이 결코 작지는 않았다. 두 차례의 전쟁은 조선 시대를 전기와 후기로 나누는 분기점이 될 정도였으니.

일선과 기진사의 사랑 이야기, 그 사실적 편린들

전란의 소용돌이가 막 끝난 후 함경도 단천 지역에서 두 청춘 남녀가 사랑의 꽃을 피우기에 이른다. 여자는 단천 기생 일선이고, 남자는 이제 막 진사 시험에 합격한 기인이라는 선비였다.

일선과 기인, 이 둘이 서로 사랑한 이야기의 실타래를 풀어보자. 그 이야기의 여러 편린들이 다음 자료들에 실려 있다.

단천군지

서포집

서포연보

효종실록

사마방목

행주기씨대종보

단천절부시

그 조각들을 짜 맞추어, '기인'의 가계도를 그리면 다음과 같다.

기형
|
기대복
|
기란
|
기만헌 1593~1651 —— 전주 이씨
|
일선 —— 기인 1618~1646 —— 경주 이씨 1618~1689
|
기서규 (양자)

기만헌(1593~1651): 1612년 19세에 생원시에 합격하고, 1618년(광해4년) 25세 때에 아들 인을 얻었다. 1628년(인조6년) 36세 때에 문과 별시 병과에 합격하여, 1637년(인조15년) 45세 때에 정언, 지평의 직책을 받았으며, 4년 후 49세 때에 파직되었다. 1646년(인조24년) 54세 때 소현 세자빈 강씨의 처형 문제에 휘말리고 그 후로는 청현직 진출이 좌절되었다.

피폐한 단천의 상황(1637년)

기인의 집은 서울에 있었다. 아버지 기만헌은 1637년 가을 무렵에 함경도 단천군수로 부임한다. 그의 나이는 45세. 정언과 지평을 거쳐, 같은 해에 함경도 단천군수로 발령이 난 것이다.

신임 군수 기만헌은 단천 객관에 당도하여 짐을 풀었다. 그런데 업무를 보아야 할 정청(政廳)은 불타 없어졌고 그 흔적만 남아 있었다.

알아보니, 정청은 전임 군수 시절에 불탄 후에 수리되지 않고 그대로 방치된 채로 남아 있었던 것이다. 왜 그랬을까?

1637년 정월에 인조 임금이 청나라에 항복하고 그로부터 몇 개월이 지나지 않은 무렵이었다. 당시 청나라 군사는 청인(淸人), 몽고인(蒙古

人), 한인(漢人)으로 구성된 10만 대군이었다. 이들의 침입로였던 평안도, 황해도 지역에 피해가 컸다.

뜻밖에 함경도 지역도 적지 않은 피해를 입었다. 청나라 군사 중 몽고 부대의 퇴각로가 함경도를 통과하며 두만강을 건너가는 길이었기 때문이다. 그들이 가는 곳은 약탈과 피비린내 나는 만행이 저질러졌다. 그때 몽고 부대가 단천 지방을 들렀다가 정청을 불태웠던 것이다. 청나라 군사들은 점령군들이었다. '화냥년'이라는 말이 있듯이 그때 조선의 많은 여성들이 청나라로 끌려갔으니, 정청이 불탄 것쯤이야.

정청(政廳): 정무(政務)를 보는 관청.

중문(中門): 가운데뜰로 들어가는 대문. 대문 안에 또 세운 문.

전임 군수는 할 수 없이 정청 대신에 중문(中門)에서 집무를 보았다. 신임 군수 기자헌도 그 자리에서 업무를 볼 수밖에 없었다. 다행히도 동헌, 서헌은 남아 있었다.

기만헌이 단천에 부임했을 때에는 흉년까지 겹쳤다. 백성이 절반이나 죽어 나갔다. 거적으로 덮은 집에는 울음소리가 들렸으며, 쑥대밭은 황폐해져 있었다. 신임 군수가 정청에서 집무를 보고 싶지 않았겠는가마는, 곤궁한 상황에서 불타버린 정청을 수리할 수 있는 여건은 아니었다.

기만헌은 민가를 살피다가 한 어부의 집에 들렀다. 새로 부임한 군수에게 접대한다는데, 기가 막혔다. 신임 군수 기만헌은 그런 열악한 상황을 시로 읊었다.

성곽은 허물어지고 지관은 터만 남아,
풀 속의 잿더미는 난리 치른 자리.
목단은 메말라 꽃송이는 시들고,
버들은 야윈 줄기에 잎사귀는 드문드문.
짧은 벽 낮은 처마 작은 집 문 열리어,
한 잔 술, 접시 하나에 귀한 손님 모신다.
다시 어부에게 명하여 반찬을 바치게 하니,
부엌에 하나 가득 대구가 있을 뿐.

기만헌은 열심히 민정을 내 일처럼 살폈다. 허물어진 동산에서 묵은

쌀을 거두고, 찢어진 북을 쳐서 군사를 점호했다. 어느덧 2년이란 세월이 흘렀다. 서울에 있는 아내 전주 이씨와 슬하에 1남 3녀가 모두들 잘 있는지 궁금하기도 했다. 외아들 '인'이 서울을 떠날 때 스무 살이었는데, 이제 스물두 살이 되었을 터.

뜻밖에 인이 단천에 나타났다. 인이는 가문을 잇는 외아들이다. 너무 반가웠다. 서울에서 단천까지 쉽게 올 수 있는 길은 아니다. 서울에서 단천으로 이르기 위해서는 마운령 고개를 넘어야 한다.

신라 시대 진흥왕 때 국력이 강성했을 무렵 최북단 국경선이 마운령이었다. 진흥왕은 영토를 확장하고 영내(領內)를 순행한 후에 마운령순수비(摩雲嶺巡狩碑)를 세웠다. 이 비석은 잊혀졌다가 16세기 말에 발견되었지만 기만헌의 재직 시절에는 세상에 알려지지는 않았다. 나중에 몇 십 년이 흐른 뒤 17세기 말에 이르러 금석학의 대가인 추사 김정희의 고증으로 비로소 세상에 알려지게 되었다.

마운령은 비록 높이가 416m에 불과하지만 진흥왕 순수비가 세워졌을 만큼 산길이 험해서 오르내리기가 그리 쉽지는 않았다. 아들이 그런 마운령을 넘어 온 것이다. 더욱이 진사 시험에 3등으로 합격하고 아비를 보고 싶어서 한 걸음에 달려왔다니, 그 기쁨은 말할 나위가 없었다. 외아들은 두 해 사이에 더 성숙해져 있었다.

책방도령과 기생의 만남(1639~1641년)

단천성은 고려 예종 2년, 윤관이 여진족을 치고 쌓은 성으로, 고려 9성 가운데 하나로 전한다. 폭은 2.5m, 높이는 4.5m, 주위가 2.8km다. 복주성이라고도 불린다.

관노비안(官奴婢案): 고려 · 조선 시대에 작성하던 노비의 호적. 조선 시대에는 중앙의 장례원과 지방의 수령이 3년마다 속안(續案)을 작성하고 20년마다 정안(正案)을 작성하여 형조, 의정부, 장례원, 사섬시, 본사(本司), 본도(本道), 본읍(本邑)에 보관했다.

아전이 50명, 통인이 21명, 사령이 43명이었다. 그리고 관노비안(官奴婢案)을 보면, 관노가 50명, 관비가 29명으로 되어 있다. 훗날 숙종 때 기록이긴 하나, 당시 상황을 추정하는 데 어느 정도 도움이 되리라 본다.

비록 폐허가 된 단천 지방이었을지라도 일선과 기인의 사랑까지 막을 수는 없었다. 관아는 객관에서 북쪽으로 50걸음 정도 떨어져 있다. 관아 현판에는 "불역심당(不易心堂)"이라는 글귀가 쓰여 있었다.

"마음을 바꾸지 않는 거처"라는 뜻이다. 현판 글씨는 기인과 일선이 태어나기 훨씬 전에, 그곳에 부임했던 군수 이안눌(선조4～인조15)이 썼다.

군수 이안눌이 "불역심당"이란 현판을 쓴 까닭은 무엇일까? 단천은 예로부터 연못에서는 구슬이, 산에서는 옥이 출산되었고, 앞에는 목장이 있고 뒤에는 은광이 있었다. 그래서 그런지 이 고을에 부임하는 원님마다 청렴을 멀리하고 욕심을 부렸다. 이안눌은 자신만은 마음을 바꾸지 않겠다며 '불역심당'이라고 썼다.

고을에서 남쪽 20리 거리에 용연(龍淵)이 있다. 연못의 깊이가 50여 척이나 되고 둘레가 15리가 되었다. 매우 넓은 연못이었다. 깊은 곳에는 큰 조개가 있어서 밝은 구슬을 산출했다.

이안눌은 선조36년(1603년)에 군수로 부임하여 이듬해에 벼슬을 자진하여 사직했다. 그의 선정이 소문이 나자 선조는 그를 길주목사에 임명했는데 그를 시기하고 중상하는 사람들이 있었다. 그 소식을 전해들은 이안눌은 단천군수마저 내던져버리고 고향으로 돌아갔다.

이안눌(李安訥, 1571～ 1637): 청백리(淸白吏). 18세(선조22년)에 진사시에 장원급제하고, 1599년(선조32년)에 2등으로 문과에 급제했다. 여러 지방관을 역임하고 중앙 관직으로 예조판서, 형조판서를 거쳤다. 정철(鄭澈)의 〈사미인곡〉을 듣고 한시 〈문가(聞歌)〉를 지었다.

신임 군수 기자헌, 기진사의 아버지도 단천 사람들 사이에 명망이 높았다. 욕심을 부리지 않고 난리와 가뭄으로 피폐해진 고을을 가꾸느라고 여념이 없었다.

그런 군수의 아들이 책방도령으로 단천에 왔으니 누가 홀대했겠는가? 평소 신임 군수를 존경했던 기생 일선이 그런 사람의 아들에게 빠지게 된 것도 우연은 아니었다. 더구나 스물 둘의 젊은 남자, 나이도 엇비슷해서 좋았다. 또한 '서울 놈'이 아닌가? 일선에게 서울 선비의 출현은 새로운 세계가 열리는 것과 다름이 없었다. 춘향이도 '서울 놈' 이도령을 좋아했었지.

여기에서 잠깐 조선 시대 풍속의 한 단면을 보자. 당시에는 지방관이 부임할 때 아들이나 조카가 따라오는 경우가 흔했다. 아들이나 조카는 독립된 방에서 휴식을 취하기도 하고 공부를 하기도 했다. 그를 가리켜 책방도령이라 일컬었다.

부친이 단천군수로 부임할 때 책방도령으로 부친을 따라와서 기생과 사랑을 나눈 이가 또 있다. 그가 바로 유학자로 유명한 남명 조식(曺植: 1501~1572) 선생이다. 다음은 『문소만록(文韶漫錄)』에 전하는 이야기다.

> 남명 선생은 책방도령 시절에 부친 조언형의 임기가 다하여 돌아갈 때까지 5년 동안 사랑을 나누었다. 서로 이별할 때 주체할 수 없을 만큼 눈물을 흘렸다. 그 후에 그 기생은 찰방의 수청을 들 수밖에 없었는데 그날 밤에 나체로 뛰어나가 미친 척했다. 이렇게 그 기생은 남명을 위해 수절하여 80이 지나도록 살았다.

당시 풍속에서 책방도령이 기생과 사랑을 나누는 것이 그리 흠이 되지는 않았다. 그래서 그런지 기녀와 맺은 약속은 사소할지라도 지켰을 경우 미담으로 전해지기도 한다. 『어우야담』(만종재본)에 다음과 같이 적혀 있다.

남명 선생이 청송 성수침(1493~1564)과 어려서부터 친하게 지냈다. 선생은 20여 세가 되어 화류계에 출입했다. 선생이 기생과 만나기로 약속했는데 갑자기 가지 못하게 될 상황이 발생했다. 그러나 선생은 장부가 여자와 약속하고 저버릴 수 없다며 억지로 가서 약속을 지켰다. 듣는 사람들이 기특하게 생각하여 선생이 훗날 큰 인물이 될 것이라 했다.

『천예록』에 실려 있는 기생 옥소선 이야기의 한 대목이다.

감사가 마침 생일날을 맞아 아래 사람들과 더불어 추향당에서 잔치를 벌였다. 기녀들과 악공들을 불러 크게 잔치를 벌였는데, 술에 취하여 즐거움이 무르녹자 아들에게 춤을 추게 했다. 행수 기생을 불러 나이 어린 기생 가운데 한 사람을 뽑아 그의 아들과 마주 춤추게 하여 분위기를 돋우었다. …… 한 쌍의 절묘한 춤이 연한 버들가지같이 간드러졌고 제비처럼 가볍게 나풀거렸다. 자리에 앉아 구경하는 사람들 모두 찬탄을 금치 못하며 그 기이하고 절묘함에 입이 딱 벌어졌다. 감사가 매우 기뻐하여 옥소선을 불러 상머리에 앉게 하고 음식을 주었다. 또 비단을 상으로 내려 주었다 그리고 옥소선으로 하여금 아들의 시중을 드는 기생으로 정하여 차를 끓여 올리고 먹 가는 일을 하도록 했다. 이후로 두 사람은 잠시도 떨어지지 아니하고 함께 놀았다.

감사의 아들이 책방도령으로 따라왔다. 감사는 아들에게 나이가 엇비슷한 기생을 붙여주었을 정도다. 당시 책방도령과 기생의 사랑은 사회적 풍속이었다. 춘향과 이도령도 그랬다.

이제 기인과 기녀 일선의 사랑으로 돌아가자. 기인은 이제 막 책방 도령을 벗어나 진사시에 합격한 선비였다.

단천 성의 서쪽에는 연정(蓮亭), 남천 위에는 읍호정, 성 남쪽에는 복남루가 있었다. 일선과 기인은 하나가 되어 이곳저곳을 돌아다녔다.

하루는 단천의 남쪽으로 13리쯤 되는 바닷가의 경치를 구경하러 갔다. 봉우리 아래쪽에 있는 염수대에 올라 동해를 내려다 보았다. 바다 쪽 절벽은 아찔했으며, 바다 색깔은 짙푸러서 그 수심이 얼마나 깊은지를 잘 말해주었다. 4월, 5월에 고래들이 암수로 떼를 지어 다니며 교접하기도 한다니, 잘하면 고래 떼를 구경할 수도 있었다. 아니나 다를까, 고래들이 머리에 꼬리를 이으면서 내뿜는 물거품이 하늘로 높이 솟아오르면서 장관을 이루었다.

북평사(北評事): 함경도에 있는 북병영에 속한 정육품 무관 벼슬. 함경도 병마절도사의 보좌관이다.

훗날 이단하(1625~1689)가 북평사(北評事)가 되어 이 고을을 지나가면서 유선대(遊仙臺)라고 이름을 지었다. 신선들이 논다는 이름을 가진 곳이다. 거기에서 기인은 신선이 되고 일선은 선녀가 되어, 훨훨 자유롭고 아름다운 사랑을 나누었다.

유선대 남쪽에 모래로 덮인 산이 있다. 백마산이다. 바다 쪽으로 닿은 이 산은 봉우리까지 모래로 덮였는데, 우리나라에서 단 하나밖에 없는 모래산이다. 바람이 불면 산봉우리의 형태가 바뀐다. 그 산 아래쪽에 백사정(白沙亭)이라는 정자가 있다. 기인과 일선은 여기저기에 네 발자국 길을 남겼다.

망해대(望海臺). 단천에서 동쪽 60리 길주와 맞닿는 곳에 있다. 바다

가까이 솟아올라 절벽을 이루었다. 봉우리 위는 높고 평평해서 수백 명이 앉을 수 있다. 시야가 확 뚫리고 광활하여 바닷가 명승지 중 명승지다. 벼슬아치들이 다니는 길목에서 벗어나 있어서 잘 알려지지 않았다. 그곳은 오로지 일선과 기인을 위해 준비된 아름다운 곳이었다.

두 연인의 사랑은 단천 이곳저곳에 숨어 있는 아름다운 풍경 속으로 녹아들었다. 2년이란 세월이 순식간에 흘렀다.

예상했지만 뜻밖의 이별, 그리고 영원한 이별

하루는 부친이 기진사를 조용히 불렀다.

"인아, 서울로 가야 된다. 파직당했다."

기인은 귀를 의심했다. 파직당한 일을 하지 않으실 분이라서. 아버지는 평소 청렴하신 분이 아니던가?

단천 고을 백성들도 놀라기는 마찬가지였다. 단천의 효자로 이름을 남긴 김의승 등 수백 명이 조정에 상소하여 기만헌이 선정을 베푸는 목민관이라고 두둔했다. 그러나 받아들여지지 않았다.

기인이 정작 놀란 이유는 따로 있었다. 사랑하는 일선과 헤어져야 하기 때문이었다. 1641년 기인은 아버지와 함께 서울로 떠날 날이 다가왔다. 훗날 마을 사람들은 기만헌의 선정(善政)을 기리는 거사비(去思碑)를 동네 어귀에 세웠다.

드디어 이별하는 날. 일선과 기인은 마운령 고갯길을 함께 올랐다.

거사비(去思碑): 감사나 수령이 갈려 간 뒤에 그 선정(善政)을 기리어 고을의 백성들이 세운 비. 다음은 과천 객사에 있는 〈이치록거사비(李致祿去思碑)〉다.

고개 마루에서 물이 흐르는데 한쪽은 동으로 흐르고 다른 쪽은 서로 흘러간다. 양쪽으로 나뉜 물이 흘러 천리를 가고 또 천리를 간다.

이 때 기진사가 일선에게 말했다.

"우리 이별은 이 물과 같이 나뉘는구나. 네 나이가 한창이니, 아까운 청춘을 버릴 수는 없고 독수공방은 어려울 것이다. 휘휘 늘어진 버들가지는 행인마다 손을 댈 것이다. 새서방 잘 섬기고 가끔씩 옛 사람도 생각해 주렴."

이 장면을 서포 김만중은 <단천절부시>에서 다음과 같이 그려냈다.

일선이 상사를 전송할 제 마운령 마루에서 이별하네.
고갯마루에 물이 흐르는데 동서로 따로 흘러가누나.
흐르는 물결이 나날이 멀어져서 천리 또 천리로다.
상사가 일선에게 이르기를 이 이별은 이 물과 같도다.
한창 나이는 버릴 수 없고 독수공방하기 어려우리.
휘휘 늘어진 버들가지는 행인마다 손을 대리로다.
새서방 잘 섬기고 가끔씩 옛 사람 생각해다오.

逸仙送上舍 相送雲嶺頭
嶺頭有流水 各自東西流
流波日以遠 千里復千里
上舍謂逸仙 此別如此水
盛年不可棄 空床難獨守

宛宛楊柳枝 一一行人手

善事新夫婿 時時懷故人

사랑하는 남자가 떠날 때, 기생은 따라갈 수 없었던 것이 당시 법이었다. 그래서 상사(上舍) 기인은 기녀의 처지를 이해하여, "휘휘 늘어진 버들가지는 행인마다 손을 댈 것"이라고 말했던 것이다. 비록 그녀를 사랑했지만 일선에게 다른 남자가 나타날 것으로 알았으니까.

상사(上舍): 생원(生員), 진사(進士).

그러나 일선은 뜻밖에도 울먹이면서 이렇게 말한다. <단천절부시>에 이어지는 내용을 보자.

일선이 울먹이며 말하되 이 말씀 어찌 차마 들으리요.

동거한 지 두 해 남짓에 첩의 몸은 그대의 몸이었네.

두 몸은 비록 헤어질지언정 두 마음은 나뉠 수 없으리.

逸仙含淚說 此言何忍聞

同居二年餘 妾身猶君身

兩身雖可離 兩心不可分

두 사람은 그렇게 헤어졌다. 몸은 각각 나뉘어도 한 마음으로.

일선은 아침나절에도 임 가신 길을 바라보고 저녁나절에도 임 가신 길을 바라보았다. 다만 우두커니 서서 서성댈 뿐이었다.

겨울철이 되었다. 지난 겨울밤에 임과 사랑을 나누면서 즐겨 먹던 '은어 식해'를 한 사발 떠왔다. 한 모금 마셔보았으나 그저 무미하게

식해(食醢): 생선과 약간의 밥을 섞어 숙성시킨 식품.

느껴질 뿐이었다.

"식해를 만들지 않고, 은어로 만든다고? 대체로 생선 식해에는 가자미를 넣는데, 이것은 좀 다르구나. 음, 네 말대로 비린내가 덜하다."

임의 말소리가 귀에 쟁쟁하게 울릴 뿐이었다.

안찰사(按察使): 지방 군현을 다스리며 풍속과 교육을 감독하고 범법을 단속하던 벼슬. ≒안찰어사

이별 후, 안찰사의 행차

신임 군수가 부임했다. 그로 몇 달 후에 안찰사가 이 고을을 들렀다. 안찰사란 지방을 시찰하러 내려오는 중앙 관리다. 적어도 정2품 내지는 종2품의 감사 직급 이상이 되어야 한다.

안찰사의 직급이 단천군수보다 윗자리임은 말할 것도 없다. 안찰사가 옥새가 찍힌 문서를 말머리에 모시고 들어오는데, 광채가 번쩍거렸다.

당시 조정 관료들의 행태

안찰사가 어떤 생각을 하면서 단천 지방에 들어왔을까? 참고로 조선 세조 때, <조관 이야기>를 보자. 이 이야기는 조정 관리들이 업무차 지방으로 나갔을 때의 즐거움을 담고 있다.

조관(朝官): 중앙의 조정 관리.

최한량, 정국형, 이수남, 김뉴 등은 그 즐거움으로 기녀 동반의 향락

생활을 들었고, 권호는 안빈낙도의 시골 생활의 즐거움을 들었으며, 유희익은 독서의 즐거움을 들었다. 마지막으로 서거정이 권호와 유희익에게 기녀와의 향락 생활의 즐거움을 환기시켰다.

그중에 최한령이 이야기한 대목을 들어보면 다음과 같다.

명주(明州)로 들어가면…… 소라처럼 머리를 딴 기생 수십 명이 길 왼쪽에 엎드려 있다. 그중에는 머리를 쳐들어 우러러보는 자도 있다. 나는 보지 않는 체하고 말에서 내려 상방으로 들어간다. 그러나 마음속으로 생각하기를, '오늘 밤에는 누구하고 짝하여 잘고?' 한다. 기생이 과일 쟁반을 받들고 들어오면 나는 또한, '얘가 좋을?'라고 생각해 본다.

상방(上房): 관아의 우두머리가 거처하던 방.

동헌에 앉아 술자리를 마련하고 서로 술잔을 주고받고 내가 일어나 술을 부어 돌린다. 그때 기생이 술을 받들고 들어오는데, 그 기생이 보기 싫게 생겨서 마음에 들지 아니하면, 분하고 답답하고 좀 부끄러워서 읍 가운데 산천이 모두 빛을 잃는다. 좌우의 사람을 모두 몽둥이로 때려주고 싶다.

동헌(東軒): 지방 관아에서 수령들이 공사(公事)를 처리하던 중심 건물.

만약 그 기생이 아름다워서 마음에 들 것 같으면 너무 기쁘다. 며칠을 머무를 동안 낮에는 술에 고단하고 밤에는 잠자리에 피곤하여 정신이 흐릿하고 분명하지 않게 된다. 스스로 생각하되, '이미 편안함이 없으니 오래 머무르면 병을 얻을 것이다.' 하여 이때야 비로소 떠날 마음이 생긴다. 이별 잔치를 대한 후 말에 올라타고 떠날 때 해를 우러러보면 노랗기만 하고 빛이 없다.

고을로 들어갈 때에 수청을 드는 기녀가 누구인지 기대감으로 설렌다고 적었다. 그러다가 마음에 들지 않는 기녀가 나올 때에 참담한 심정을, 그 반대로 마음에 드는 기녀가 나올 때에 기쁜 심정을 솔직하게 말했다. 지방관이 베푸는 술과 기생으로 비틀거리다 못해 병을 얻게 된 상황을 솔직하게 밝히기도 했다.

주색가무(酒色歌舞), 즉 술과 여자, 노래와 춤이 어우러진 기녀 향응의 향락 생활이 그다지 부정적으로 그려지지 않고 있다. 일선에게 다가온 안찰사가 누구인지 알 수는 없지만, 기녀 향응을 바라는 인물임에는 틀림없다.

일선, 우물에 몸을 던지다

〈춘향전〉을 보면, 변학도가 남원목사로 부임해 갈 때 남원을 들어서기 전에 물었다. "네 고을에 춘향이란 계집이 매우 색(色)이라지 (…) 잘 있냐?"

통인(通引): 수령(守令)의 잔심부름을 하던 구실아치. 이서(吏胥)나 공천(公賤) 출신이었다.

단천군수는 안찰사를 성대히 대접할 수밖에. 만약 그의 비위에 거슬리면 앞날은 장담할 수가 없으니. 군수는 기생들을 뽑아 수청을 들게 했다. 얼마나 정성을 기울였는지, 기생들에게 아내가 입던 비단옷을 꺼내 입히고, 첩실이 차던 진주 귀걸이를 차게 했다. 기생들은 서로들 안찰사에게 뽑히기를 기대했다.

정작 안찰사는 이 기생들을 거들떠보지도 않았다. 도대체 왜 그러는 걸까? 안찰사는 단천 지방에 들어설 때부터 일선이 '한 미모 한다'는 정보를 수집했던 터.

안찰사 휘하에 있던 통인(通引) 녀석이 단천군수의 귀에 대고 속삭였다. 단천군수는 얼굴이 환해지면서 이내 큰소리로 기생점고를 외쳤다. 기생점고를 하면 해당 관아에 소속되어 있는 기녀들은 모두 대령해야 한다. 안찰사의 속셈은 그 자리에 나오지 않은 일선을 오게 하려는 것이었다.

단천군수는 잘 알고 있었다. 일선이 서울로 떠난 기인을 향해 수절하고 있다는 것을. 일선을 안찰사 앞에 데려다 놓으려면 기생점고를 해야만 했다.

기생점고(妓生點考): 수령(守令)이 부임하여 기생의 명부를 대조하여 기생을 점고하는 일.

사령이 일선 집에 와서 기생점고를 알렸다. 이에 일선은 사령에게 말했다.

"내가 몹쓸 병에 걸려서 사람들이 모두 꺼리는데 어찌 귀한 어른을 모시겠소? 원님에게 그리 전하오."

그러나 도리어 노여움만 사고 말았다.

그때 일선의 어미가 말했다.

"기생의 몸으로 태어났으니 너를 좋아하는 이가 모두 네 서방이다. 기생이란 것이 남들이 천하게 보는 신세지만, 남들이 부러워하기도 하지 않니? 더구나 안찰사 한번 잘 모시면, 땅에서 신선으로 날아오르는 격이란다. 네 한 몸의 영화는 말할 것도 없고 우리 집안의 영광이야."

일선은 말했다.

"알겠어요."

일선의 낯빛에 어두운 그림자가 스쳤지만, 어미는 알아채지 못하고 마음을 놓았다. 하지만 일선은 슬그머니 우물로 가서 신발을 벗어놓고 우물물에 뛰어들었다. 다행히 구해냈다.

단천 성안에 우물이 다섯 개 있다는 기록이 있으나 현재에는 찾아볼 수 없다.

군수는 한숨만 내쉬었고, 안찰사는 머쓱해졌다.

부고(訃告): 사람의 죽음을 알림.

기진사의 부고(訃告)와 3년상

때는 바야흐로 1646년. 사랑하는 기진사와 헤어지고 그를 위해 정조를 지키며 지낸 지 어느덧 5년이 흘러가고 있었다.

하루는 상자를 열어보고 깜짝 놀랐다. 기진사가 주고 간 동심결(同心結) 머리카락이 하얗게 변해 있었던 것이다.

정표(情表): 간절한 정을 드러내 보이기 위하여 물품을 줌. 또는 그 물품.

시첩(詩帖): 시들을 묶어 만든 책자.

당시 풍속으로 사랑하는 남자와 기생 사이에 이별할 때 정표(情表)로 주고받던 것이 있었다. 떠나는 남성이 종이나 옷에 시를 적어 주기도 하는데, 기생은 그것을 모아서 시첩(詩帖)을 만들어 놓아 다른 남자들에게 보여주면서 자신의 이름값을 높이기도 한다.

타투(tattoo): 문신(文身). 피부에 물감을 새겨 넣어 영구적으로 지워지지 않도록 한 표식이나 그림.

머리카락을 잘라 서로 교환하기도 하고, 머리카락을 옷고름 사이에 넣어 두기도 한다. 두 사람의 머리카락을 한데 엮어 동심결로 만들기도 한다. 더 야한 것도 있는데, 음모를 서로 교환하여 각자의 옷고름 안에 넣고 바느질 해 두는 것이다. 심지어 몸에 타투(tattoo)를 하기도 한다. 먹물로 서로 사랑의 징표를 몸에 새겨 넣는 것이다. 또한 남성이 기생에게 사랑의 징표로 이빨을 뽑아서 주기도 한다. 이러한 남성을 풍자한 이야기들이 적지 않게 전한다.

일선은 연인의 머리카락을 상자에 담아 소중하게 간직하고 날마다 임을 보듯 열어보곤 했는데, 그 머리카락이 갑자기 하얗게 변한 것을 보고, 불길한 생각이 스쳤다.

'아니, 낭군께 무슨 일이라도?'

아니나 다를까, 얼마 있지 않아서 서울에서 기진사가 병으로 세상을 떴다는 소식이 왔다.

일선은 즉시 장터에 나가서 금비녀와 비단치마를 팔아 상복(喪服)을 샀다. 아침나절에 함주관을 넘어 저녁나절에 성천강을 건너 삭풍에 살갗이 터지고 철령의 찬 서리에 발이 꽁꽁 얼었다.

상복(喪服): 상중에 입는 옷. 삼베로 만드는데, 바느질은 곱게 하지 않는다.

한양에 도착해서 기진사 집을 바로 찾았다. 기진사가 세상을 뜬지 벌써 여러 날이나 되었다. 아직도 친척 빈객이 어수선했다.

시어머니 전주 이씨가 언짢은 기색으로 말했다.

"네가 지금 뭘 하러 온 게냐? 내 아이 병은 너 때문이야."

본부인 경주 이씨는 등을 돌린 채로 말했다.

"요사스러운 여우 년이 재앙을 끼치더니, 이제 누구를 홀리려는가?"

아아, 기인이 마운령에서 이별하면서 남겼던 말, "새서방을 잘 섬기고 가끔씩 자신을 생각해 달라."는 그 말은 바람둥이의 말이 아니었다. 진심으로 사랑해서, 그 사랑하는 사람을 놓아주고 싶어서, 그렇게 한 말이었다. 그 헤어짐이 병이 되고 그 병에서 일어나지 못했다니, 일선은 더 슬펐다.

일선은 아무 대꾸도 하지 않고 이내 부엌으로 들어갔다. 절구질도 하고 물을 길어오기도 했다. 이렇게라도 사랑하는 임에게 정성을 다하고자 했다.

마침내 시어머니는 일선을 볼 때 마치 아들을 보는 것 같다고 했고, 본부인은 다 같은 미망인이니, 평생 서로 의지하며 살자고 했다.

짧지만 깊디깊은 사랑의 결정체

일선은 그렇게 삼년상을 마쳤다.

쇄환(刷還): 본고을을 떠난 관비를 소속 고향으로 돌려보내는 일.

1649년 단천 고을에서 쇄환(刷還) 명령이 떨어졌다. 신분이 기생이니 소속 고을인 단천으로 되돌아 갈 수밖에 없었다. 일선은 단천으로 향했다. 전에 잘 타던 가야금 소리는 이제 샘물과 함께 얼어붙었고, 전에 얼굴에 바르던 연지분은 방구석에서 나뒹굴었다.

군수가 갈렸다. 일선에게 손님을 접대하라는 말이 떨어졌다. 이번에 일선은 강물에 뛰어들었다. 동네 사람들에 의해 또 구조되었다. 그간 일선의 어미도 죽었다. 수청을 들고 일생을 편히 살라던 어미의 말도 함께 사라졌다. 일선은 일흔이 넘어 죽었다.

일선이 살아 있는 동안, 조정에서는 일선에게 정표(旌表)하자는 주장이 있었다. 『효종실록』 효종3년(1652년) 12월 21일의 기사를 보자.

> 단천의 관기 일선은 기만헌이 그 고을을 맡았을 때에 그의 아들 기인에게 사랑을 받았다. 그와 헤어진 후 수년 동안 수절하다가 기인이 죽었다는 말을 듣고는 서울로 달려가 곡하고 평생토록 상복을 입었다. 함경도에서 그 사실을 알리니 예조에서 정표(旌表)하기를 청했다. 그대로 따랐다.

일선에게 정표를 한 것으로 되어 있지만, 실제로는 그렇게 하지 않았다. 그래서 이조판서 김수항이 북쪽 지방의 일을 언급하는 중에 일선의 수절을 놓고 정표를 하자고 주장한다. 다음은 『현종실록』 현종5년

(1664년) 11월 25일의 기사다.

> 특이한 절행이 있는 자는 특별히 표창하지 않을 수 없습니다. 이를테면 …… 단천의 관비 일선이 지아비를 위해 수절한 일 등은 고금에 뛰어난 행실이니, 정표하는 은전을 베풀어야 합니다.

이번에도 정표를 내리지는 않았다. 이 사건은 그대로 묻히는 듯했다.

그로부터 3년 후, 현종8년(1667년) 예조좌랑 김만중에 의해 그 사건은 되살아난다. 서포 김만중이 일선에게 정표를 내리자고 다시 건의한 것이다. 예조는 풍속과 윤리 문제를 다루는 부서인바, 김만중은 예조좌랑으로서 직분에 걸맞게 정표를 내리자고 건의했다. 역시 이번에도 받아들여지지 않았다.

김만중의 자전적 저서인 『서포연보』에는 그해에 김만중이 예조좌랑 직을 그만 두었다고 기록되어 있다. 왜 그랬을까? 일선에게 정려(旌閭)를 내려달라는 소청이 받아들이지 않은 것과 예조좌랑 직에서 물러난 것 사이에 어떤 관련이 있는 것은 아닐까? 물론 이에 대해 상세한 기록은 없다. 그러나 서포의 강직한 성품으로 보아 서포는 자신의 주장이 받아들여지지 않자 사표를 던져버린 듯하다.

김병국(공역), 『서포연보』, 서울대학교 출판부, 1992.

정려(旌閭): 충신, 효자, 열녀 등을 그 동네에 정문(旌門)을 세워 표창하던 일.

서포 김만중의 시대적 고민

수령(守令): 각 고을을 맡아 다스리던 지방관들을 통틀어 이르는 말. 절도사, 관찰사, 부윤, 목사, 부사, 군수, 현감, 현령 따위를 이른다.

서포 김만중은 17세기 기녀풍속과 관련하여 자신의 입장을 명확하게 표명하고 있어, 눈길을 끈다. 서포는 숙종6년(1680년) 10월 2일에 당시 양반 관리의 풍기문란 현상을 비판하고 그 대책을 건의했다. 『서포연보』의 기록을 보자.

여러 고을에 기생이 있는 것은 국경을 지키는 군사가 아내가 없는 것을 대비하기 위한 것이지 사대부가 여색을 탐하라고 한 것은 아닙니다. 법전에 수령(守令)이 기생과 간음하는 것에 대한 조항이 있는데, 수령의 경우에만 있고 감사(監司)나 도사(都事)의 경우에는 명시된 조항이 없습니다.

예전 사람들은 덕이 적은 이들이나 기생과 관계를 맺는다고 했습니다. 그 당시에는 폐단이 심하지 않았어도 그랬는데 요즘에는 사대부 간에 음란한 풍습이 크게 유행하여 심지어 금수와 같은 지경에 이르렀습니다. …… 수령을 내치고 올리는 것이 감사(監司)의 손에 달렸는데 감사가 법대로 하지 않으니 아랫사람을 단속할 수 없습니다. 그러다보니 수령이 간음하는 것에 대한 벌칙 조항마저 있으나마나합니다.

이제 마땅히 수령이 간음하는 것에 대한 벌칙 조항을 준엄하게 시행해야 하고, 그 벌칙 조항을 감사는 물론이고 도사, 평사, 어사, 경차관들에게까지 엄하게 적용해야 할 것입니다.

감사(監司): 관찰사(觀察使). 각 도의 으뜸 벼슬. 그 지방의 경찰권·사법권·징세권 따위의 행정상 절대적인 권한을 가진 종2품 벼슬아치.

도사(都事): 감영(監營: 감사가 직무를 보던 관아)의 종5품 벼슬.

평사(評事): 병영의 사무와 그에 속한 군사를 감독하던 정6품 무관 벼슬.

경차관(敬差官): 지방에 파견하여 임시로 일을 보게 하던 벼슬.

서포는 당대 기녀와 관리들의 도덕적 타락을 바로 잡는 방안으로 기녀와 애정 행각을 벌인 관리들을 엄단하자고 주장했다. 기녀를 처벌하자고 주장한 것은 아니었다. 그렇다고 기녀제도를 근본적으로 철폐하자는 것도 아니었다. 다만 수령과 감사, 도사 등이 기녀를 곁에 끼고 노는 향락 생활을 단속하자고 했다. 그의 주장은 시대적 고민을 담고 있었던 것이다.

조정에서 일선에게 정려(旌閭)를 내려주지 않자 서포는 벼슬을 사직한 후 몸소 일선을 위해 총 203구로 된 장편서사시를 짓는다. 그것이 바로 <단천절부시>다.

뒤늦은 정려(旌閭) 허락

일선에게 정려(旌閭)가 내려진 때는 1691년(숙종17년)이었다. 무려 39년이 흐른 뒤에야 정려가 내려진 것이다. 그렇다면 당시 조정이 무능해서였을까? 그럴 수도 있다.

이 대목에서 우리는 차분히 생각해 볼 것이 있다. 비록 일선이 기인을 위해 수절, 삼년상, 그리고 그 이후에 평생 수절을 했을지라도 그녀가 기녀인 이상, 살아나가는 동안 만에 하나 다른 남자의 품에 안길 가능성이 전혀 없는 것은 아니었다. 조선 시대에 기녀가 한 지아비를 위해 정조를 지킨다는 것은 생명을 지켜내는 것보다 어려운 일이었다. 조정에서도 나름대로 기준이 있었던 것이다.

그러나 일선은 조정의 조심스러운 태도를 비웃기라도 한 듯, 평생

한 남자의 사랑만을 간직했고 평생 그를 위해 상복을 입었다. 그리고 절개를 지키다가 생을 마감했다. 조정에서는 그녀를 위해 정려를 내릴 수밖에 없었다.

정려문(旌閭門): 정문(旌門). 충신, 효자, 열녀들을 표창하기 위하여 그 집 앞에 세우던 붉은 문.

그 정려문(旌閭門)은 단천 어디쯤에 세워졌을까? 『행주기씨대동보』를 뒤져보면, 기만헌 항에 다음과 같은 내용이 적혀 있다.

> 거사비가 있는데 그 거사비 옆에 열녀 관비 일선의 정려문이 있다.(有去思碑 碑傍 有烈女官婢日仙旌門)

고을 사람들이 기만헌을 기려 세운 거사비(去思碑), 그 곁에 아들 기인을 사랑하여 수절한 일선의 정려문을 세웠다. 선정을 베푼 기만헌, 그리고 그의 아들을 사랑하여 정조를 지킨 일선. 이 두 사람은 기인을 사이에 두고 시아버지와 며느리로서 단천 고을의 자랑할 만한 인물로 기려지게 되었다.

기생은 마음에 드는 남성들을 여럿이나 품을 수도 있었고, 애욕을 마음껏 충족시킬 수 있었으니 그것이 행복처럼 보일 수도 있었다. 그러나 일선은 단 한 사람을 택했다. 2년 동안은 몸과 마음이 함께한 사랑이었고, 그 후로 평생은 몸은 떨어졌지만 마음만은 하나였던 사랑이었다.

일선에게 열녀문은 중요하지 않았다. 일선의 일생은 어느 이름 모를 들꽃처럼 피었다가 지는 동안, '짧은 만남 영원한 사랑' 그런 사랑의 결정체였다.

9 자란

경상도 울산 병영, 순정은 피고지고

기녀 스캔들 메이커

단아하고 총명한 여자 아이

1725년(영조1년) 12월 30일, 울산 고을에 한 여자애가 태어났다. 이름은 자란(紫鸞). 아버지는 울산의 이방 심대연, 어미는 울산 기생 초경.

자란은 어려서부터 용모가 단정하고 총명했다. 자란이 10살 되던 1734년(영조10년)에 권상일이 울산부사로 임명되어 왔다.

권상일은 56세 지긋한 나이였다. 당시 춘추관 편수관을 겸임했는데, 젊어서부터 학문에 뛰어났다더니, 헛소문은 아니었다. 그는 일찍이 1710년(숙종36년) 증광문과에 병과로 급제한 이후, 승문원부정자, 저작 · 전적 · 직강, 예조좌랑, 병조좌랑, 만경현령, 영암군수와 사헌부장령을 지냈다. 울산 백성들은 그가 선정(善政)을 베풀어 주기를 기대했다.

권상일(1679～1759): 조선 후기의 문신 학자. 본관은 안동. 울산부사 이후 구강서원을 창립하여 학문을 진흥시켰다. 1741년 봉상시정을 역임한 이후, 여러 직책을 거쳐, 한성좌윤, 지중추부사, 대사헌 등을 역임하고 기로소에 들어갔다. 이황(李滉)을 사숙하여 사칠설(四七說)을 지었다.

자란은 매우 예뻤고 영리하여 많은 사람들로부터 사랑을 받았다. 권상일이 자란의 아비인 이방 심대연에게 권했다.

"이 아이는 나이가 어리고 몸이 약하여 어린 나이에 복역했다가 다치고 상하게 될까 염려되네. 눈에 총기가 있어서 기악(妓樂)을 가르칠 만하네."

자란은 병영(兵營)의 교방(敎坊)으로 보내졌다. 스승은 의아(義娥)라는 기생이었다. 그녀에게서 거문고와 노래를 배웠다. 몇 달 만에 음절을 통달하여 깨치고 장고와 가야금을 잘하는 기생으로 이름을 날렸다.

교방(敎坊): 고려 시대 이후 기녀들을 중심으로 한 가무(歌舞)를 관장하던 기관.

사랑하는 윤면을 따라 경기도 이천으로

본영(本營): 지휘 본부가 있던 군영.

1738년(영조14년) 자란이 14세 때였다. 자란이 스승을 따라 본영에 들게 되었다. 그곳에 있던 우후(虞候) 윤면(尹勉)이 자란을 한번 보고 사랑하여 자란을 불러들여 거문고 소리를 듣곤 했다. 윤면이 자란을 곁에 두고자 했으나 자란이 부끄러워하여 따르지 않았다. 윤면 또한 강제로 권하지 않았다.

이듬해 자란이 열다섯 살 되던 해에 병마우후 윤면은 울산부사 직을 겸직했다. 그때부터 윤면은 자란에게 애정을 쏟았다.

경상도에는 병영이 울산과 진주, 이렇게 두 곳에 있었다. 병영에는 병마절도사를 두고 그 밑에 병마우후를 두었다. 병마우후(兵馬虞候)는 종3품 무관직으로 간단하게 줄여서 우후라고 했다. 부사는 정3품 또는 종3품에 해당하는 벼슬이다.

윤면이 우후로 있으면서 울산부사직을 겸임한 것으로 보아 종3품직을 유지한 듯하다. 그러다가 다음해 영조16년(1740년) 여름, 윤면은 승진하여 서울로 돌아가게 되었다.

그때 윤면은 자신의 계집종 두 명을 울산부에 바치고 자란을 속량(贖良)하여 기적에서 뽑아 데리고 갔다. 윤면은 최소한의 도리를 취했던 것이다.

속량(贖良): 몸값을 받고 노비의 신분을 풀어주어 양민이 되게 함.

윤면은 이천에 자란의 거처를 마련해주었다. 그곳은 자란의 이모가 살고 있던 근처였다. 윤면은 서울에서 이천을 왕래하면서 자란과 사랑을 나누었다.

낯선 타향이었지만 이모가 근처에 있어서 마음이 편했고 기생의 처지를 벗어날 수 있었다는 것이 꿈같은 일이었다. 더욱이 사랑하는 이의 곁에서 함께 거닐고, 한 이불을 덮고, 한솥밥을 먹을 수 있다니. 생전에 생각도 해보지 못한 일이었다.

짧은 만남, 영원한 사랑

이렇게 사랑을 나누기를 한 해 남짓. 17세 자란은 마냥 행복했다. 그러나 운명이 이들의 사랑을 시샘한 것인가. 윤면이 갑자기 병이 들어 세상을 뜨고 말았다. 하늘이 무너져 내렸다.

자란은 머리를 풀어헤치고 충주의 장지(葬地)까지 따라가며 애통스럽게 통곡했다. 본댁에서 아침저녁으로 제물을 올렸다. 석 달 동안 빗질도 하지 않고 목욕도 하지 않은 채, 곡을 했다. 얼마나 더러웠는지 얼굴에 이가 기어 다녔다. 윤면의 본부인이 빗질을 하게 하니 머리카락이 떨어져 흉측한 몰골이 드러났다.

장지(葬地): 장사하여 시체를 묻는 땅.

그래도 한평생 사랑하는 임을 만났으니 여한은 없었다. 그를 위해 수절하기로 했다. 먼저 윤면을 위해 삼년상을 지내려고 작정했다. 그렇게 또 한 해가 넘어가고 있었다.

울산에서는 신임 부사가 자란을 찾고

그해(1742년: 영조18년) 봄에 울산의 신임 부사 정광운(鄭廣運)이 부임했다. 정광운(1707~1756)의 나이는 36세, 혈기가 왕성했다. 영조6년(1730년) 24세 때에 정시문과에 병과로 급제했고, 31세(1737년: 영조13년) 때 지평, 정언을 거쳐 군수가 되었다. 군수 시절에 백성에 대한 형벌이 가혹하다 하여 관찰사의 탄핵을 받고 사임한 적이 있었다.

그 후 다시 등용되었지만, 그의 단호한 성격은 변하지 않았다. 울산 부사로 부임하여 기생점고를 했다. 그는 기안(妓案)을 펼쳐놓고 이름을 대조해나갔다. 그런데 한 가지 의심쩍은 것이 있었다. 기안에 이름은 올라 있는데 나오지 않은 기생이 있었던 것이다. 바로 자란이었다.

기안(妓案): 기녀의 이름을 적어 놓은 문서의 일종. 기녀안, 혹은 기적(妓籍)이라고 한다.

대충 짐작이 갔다. 그는 행수기생을 불러 물었다.

"자란이 왜 나타나지 않느냐?"

행수기생은 멈칫거리다가 대답했다.

"자란은 미색이 있고 음악에 재주가 뛰어났습니다. 지금은 열여덟이 되었겠네요. 전에 병영의 우후(虞候)이자 부사였던 윤면이란 분이 계셨지요. 그분이 일찍이 자란을 사랑했는데, 임기를 마치고 서울로 돌아갈 때 자란을 데리고 갔습니다. 그때 자란을 대비속신했습니다요. 양민이 된 것이나 마찬가지입니다. 암요……."

곁에 있던 통인들도 호방도 고개를 끄덕거렸다. 그러나 이내 정광운의 호통소리가 벼락처럼 내리쳤다.

"뭐라고? 기생은 대비속신이 금지되어 있는데, 이건 불법이 아닌가? 당장 잡아오라."

이에 자란의 아비와 어미가 즉시 달려와 땅에 엎드려 통사정을 했다.

"기생년이 임금의 명령 없이는 속량될 수 없는 것은 소인네도 잘 압니다. 사또께서 넓은 아량을 베풀어주시기 바랍니다. 그래도 두 명의 계집종을 넣지 않았습니까? 부디, 정상을 참작해 주십시오."

"안 된다. 법대로 하라. 네 딸년에게 빨리 돌아오라고 알려라."

자란의 부모는 할 수 없이 사람을 보내어 딸에게 연락을 취했다.

"얘야, 신임 부사가 널 쇄환(刷還)시키라는 명이 떨어졌다."

쇄환(刷還), 이것은 해당 고을을 떠난 천민을 그 고을로 불러들인다는 것. 청천벽력이었다.

"전, 죽어도 가지 않을 텝니다. 여종을 두 명씩이나 넣었잖아요. 그래도 부른다면 죽어버릴 거예요."

대비속신(代婢贖身): 다른 노비를 대신하여 넣고 천민의 신분을 양민으로 만드는 것. 그런데 기녀의 경우에는 대비속신이 적법적인 것은 아니었다. 자란을 대비속신했지만 나중에 쇄환될 수밖에 없었다.

신임 부사의 엄격함은 소문이 나고

일이 이렇게 되어가고 있을 때, 울산 고을에서는 한진사(韓進士)라는 자로 인해 한바탕 소용돌이가 일어났다.

추쇄(推刷): 도망한 노비나 부역, 병역 따위를 기피한 사람을 붙잡아 본래의 주인이나 본래의 고장으로 돌려보내는 일.

한진사는 애초에 울산 고을에 노비를 추쇄(推刷)하러 왔었다. 당시 한진사는 세력이 있는 족속으로서, 가문의 권세를 믿고, 귀양 온 귀찬(貴贊)이란 자와 함께 고을 백성들을 괴롭혔다. 울산뿐만 아니라 경주, 기장, 언양 고을의 백성들도 고통을 당해서 그들의 그림자만 보아도 마치 외적을 만난 것처럼 피했다.

부사 정광운은 조금도 지체하지 않았다.

"당장에 한진사와 귀찬이란 자를 체포하라."

이에 한진사는 경주 관아로 도망쳐 숨어 버렸다. 한진사와 놀아난 귀찬은 그만 체포되었다. 비빌 언덕도 없었다.

정광운이 말했다.

"저 놈을 잡아다가 시장 거리에서 곤장을 쳐라."

시장거리에 몰려든 구경꾼이 천여 명이나 되었다. 귀찬은 곤장을 이기지 못하고 그만 죽고 말았다. 그러나 군중들은 말했다.

"아, 통쾌하다."

정광운은 사건을 이렇게 처리하고, 자란의 일이 어찌되어 가고 있는지 점검했다.

"뭐라고, 돌아오지 않겠다고? 감히 천한 것이 관장의 명령을 어겨? 그년의 어미 애비를 잡아오라."

심대연과 초경이 잡혀 와서 땅바닥에 꿇려졌다.

"네 연놈이 딸년을 빼돌리려는 수작이렷다! 딸년을 불러오지 않으면, 네 연놈의 목숨은 붙어나지 못할 것이다."

심대연과 초경은 등골이 오싹해졌다. 며칠 전에 물의를 일으켰던 귀찬이란 자가 저자거리에서 곤장을 맞다가 죽지 않았던가! 자란이 돌아오지 않으면 무슨 일이 닥칠지 불을 보듯 뻔했다.

며칠 후에 자란이 자진해서 울산 관아로 돌아왔다. 그때 자란은 윤면의 조문객 중에 홍철산이란 자가 고향 소식을 알려주었다.

"네 부모가 하옥되었다. 네가 돌아오지 않는다고 해서 부사가 그렇게 했다."

이번 부사는 법대로 처리하는 부사임이 분명했다. 자란은 자신 때문에 부모가 죽는 것을 그냥 두고 볼 수는 없었다. 할 수 없이 울산으로 돌아와 정광운 앞에 나타났다. 소복차림이었다.

그날이 5월 5일 단오였는데, 소복이 그날따라 더 희게 눈부셨다.

정광운은 자란에게 기역(妓役)을 감당하라고 말했다. 그러나 자란은 울며 호소했다.

기역(妓役): 기생이 해야 할 일.

"지아비의 상을 당해 초기(初忌)가 두 달밖에 남지 않았으니 초기를 지낸 후에 수청을 들겠나이다. 아무리 창기라지만 초기 전에 수청을 드는 것은 부정한 짓입니다."

초기(初忌): 사람이 죽은 지 1년이 되는 날.

정광운은 코웃음을 쳤다.

"뭐라? 기생이 정절을 내세워?"

그러나 서슬이 퍼런 정광운보다도 더 새파란 빛이 자란의 얼굴에 흘렸다.

정광운은 좋지 않은 기억이 떠올랐다. 5년 전인 1737년(영조13년)에 지평이 되었다가 호조좌랑을 거쳐 병조정랑이 되었다. 그 시절 양가집 여자를 소실로 들였다가, 권세와 돈을 동원하여 양가집 여자를 탈취했다고 탄핵을 받았다. 체포되어 변론까지 해야 했고 억울하게 파직을 당했음은 물론이다. 그는 즉시 시골집으로 내려가 부모를 봉양하고 농사를 짓는 것으로 일삼았다. 다시 등용되어서는 당시 일을 경계삼아 조심했다.

그는 자란에게 방을 하나 내어주고, 두어 명 기녀들로 하여금 자란을 살피게 했다.

자란의 수절과 죽음

자란은 몸단속을 철저히 하면서 음식을 입에 대지 않고 지내더니 6월 6일, 귀가한 지 불과 한 달 만에 병들어 누워버렸다. 그러는 동안에 자란의 부모가 찾아와서 위로했다.

수절(守節): 정절을 지킴.

"기생의 딸에게 무슨 수절이 있느냐? 기생에게 무슨 수절(守節)이 있느냐? 제발 수청을 들고 네 팔자를 펴도록 하라."

자란은 꿈적도 하지 않았다. 다만 두 눈에는 뜨거운 눈물이 흘러내릴 뿐이었다.

자란은 말했다.

"윤면이 생시에 매입한 집값이 50냥입니다. 이제 내가 돌아왔으니 예전에 나를 위해 관비가 되었던 2명의 여종이 있습니다. 이들인즉 윤면 본댁의 소유입니다. 이 둘을 팔아도 부족합니다. 그리고 다른 재물을 팔아서 본댁으로 보내세요. 윤공의 장례비로 쓰게 하세요."

그리고 유언을 남겼다.

"나 죽거들랑 천리 밖에 있는 윤공의 묘 곁에 묻어주세요. 내 장식품도 윤공께서 주신 것이니, 그걸 팔아 나의 장례비로 쓰세요. 남은 돈은 윤공의 본댁으로 보내세요."

그러다가 윤면의 뒤를 따라가고 말았다. 사정이 여의치 않아서 그녀는 울산에 묻혔다. 1742년(영조18년) 6월 19일, 나이는 18세.

이 소식을 들은 윤면의 본댁에서는 모른 체하지 않았다. 이듬해 겨울에 아들 윤수검이 서울에서 와서 자란의 묘에서 곡을 했다.

그 후에 부임한 울산부사 윤지태(1700~1751)가 자란의 죽음을 두고 이렇게 말했다.

'아름답도다. 그 절개여.'

그리고 박민효는 <자란전>을 지었다. 그 내용이 『울산읍지』에도 간략하게 실려 있다.

박민효(朴敏孝: 1672~1747): 〈자란전〉은 『상체헌집』에 실려있다. 『상체헌집』은 현재 울산 박물관에 소정되어 있다. 상체헌은 박민효의 호다.

자란의 삶은 아름다운 절개 그 자체였다. 죽음도 갈라놓을 수 없는 사랑!

'법은 법대로'의 정광운, 그 후의 행적

그즈음에 경상감사가 울산부사 정광운에 대한 소문을 잘 듣고 있었다. 더욱이 그는 한씨였다. 일전에 같은 문중인 한진사가 정광운에 의해 곤경에 처한 일도 잘 알고 있었다. 그 와중에 귀찬이란 자도 죽지 않았던가. 비록 귀양 온 자라지만, 그리고 죄를 졌다지만, 저자거리에서 곤장을 쳐서 죽인 것은 분명 지나친 처사였다.

그리하여 경상감사는 정광운을 내리깎아 상소를 올렸다. 정광운은 즉시 울산부사 자리를 던지고 돌아왔다. 그때가 1743년(영조19년)이었다.

예조참판이었던 오광운(吳光運: 1689～1745)은 평소 18년 연하인 정광운(鄭廣運)의 재능과 기개를 높이 샀다. 참판 오광운이 정광운에게 물었다.

"이보게 휴휴자, 남쪽 울산 고을에 가서 뭐 좀 좋은 것을 얻었는가?"

휴휴자(休休子)는 정광운의 호다. 그가 대답했다.

"병으로는 풍토병을 얻었고, 입으로는 강산(江山)의 시구를 읊었으며, 귀밑에는 백발이 더 많이 자랐지요. 몸으로는 혹리(酷吏)란 칭호를 얻었나이다. 하하하."

혹리(酷吏): 혹독하고 무자비한 관리.

이에 오광운이 크게 웃으며 맞받아쳤다.

"그대의 말 잘하는 병도 한 급수 더 늘었구려."

정광운이 한 말 중에 자기 자신을 가리켜 '혹리(酷吏)'라고 칭한 대목이 있는데, 이는 스스로 우스갯소리로 한 말이었겠지만, 자란의 입장에서 보면 틀림없는 말이었다.

다음 사건을 대하면 자란이 쇄환당할 수밖에 없었던 것을 이해하는 데 큰 도움이 될 듯하다.

울산에서 돌아온 그해 정광운은 평안도 도사(平安道都事)에 제수되어 중앙의 고급 관료를 상관으로 모시고 지방 사신으로 나갔다. 지방으로 행차하던 중에 상관의 방에 기녀들이 있었는데, 그중 한 기녀가 정광운을 보고서도 일어나지 않았다. 이에 정광운이 정색을 하고 대신에게 말했다.

"공은 대신으로서 총애하는 기녀가 무례한 짓을 해도 가만 놔두십니까? 사람들이 공을 어떤 분이라고 말하겠습니까?"

정광운은 곧장 그 기녀를 끌어내어 곤장을 쳤다. 서장(書狀)을 올리고 곧장 서울로 돌아왔다.

이렇듯 정광운은 예의와 법도를 중시하는 강직한 사람이었다. 그는 기개와 절조가 있는 성격으로 권력자와 세도가에게 자신의 소신을 굽히지 않고 직언했다. 정광운과 우정이 두터웠던 안정복(安鼎福)이 그의 행장(行狀)을 썼다.

행장(行狀): 죽은 사람이 평생 살아온 일을 적은 글.

10

군산월

함경도 유배객과
속절없이 맺은 언약

기녀 스캔들 메이커

늦은 출세, 이른 귀양

김진형(金鎭衡: 1801~1865)은 1850년(철종1년) 나이가 50세가 되어서야 증광문과에 급제하여 홍문관 교리(校理)가 되었다. 3년 후 1853년(철종4년) 6월에 그는 서인인 이조판서 서기순(1791~1854)을 당리당략만을 일삼는다고 탄핵했다. 그로 인해 서기순은 이조판서에서 물러났다.

서기순(徐箕淳, 1791: 정조15~1854: 철종5)
조선 후기 청백리. 1827년(순조27) 증광문과에 갑과로 급제하여 이조참의, 대사성, 이조참판, 한성부판윤, 대사헌, 예조판서 등을 거쳐 1850년(철종1) 대제학이 되고, 1851년 병조판서, 1853년 이조판서를 역임했다.

이에 조정은 한동안 시끌벅적해졌고, 왕은 동료 신하를 헐뜯었다는 죄를 물어 김진형을 파직시키기에 이른다. 6월 30일, 그는 고향 안동으로 향하는 낙향 길에 올랐다.

그는 배를 타고 안동으로 향하면서 생각에 잠겼다.

'오십세 백발, 늦은 나이에 벼슬길에 나아가 더러운 꼴을 당했군. 출세가 늦었으면 약삭빠르게 처신할 것이지 뭐가 그리 잘났다고 나섰던가? 예전에는 옳은 일이었건만, 이처럼 어지러운 이 세상에 조용히 있을 일이지. 아!'

야속도 했다. 그러나 엎질러진 물, 쏘아 놓은 화살이었다.

엎친 데 덮친 격이라고나 할까? 서울에서 고향 쪽으로 내려간 지 5일 되던 7월 5일. 조정에서 수찬 남종순(南鍾順: 1819~?)이란 자가 김진형을 다시 논박하여 귀양을 보내자고 했다. 그는 홍문관 수찬으로 김진형의 상관이었다. 이튿날 조정에서는 그의 유배지를 함경도 명천(明川)으로 정했다.

김진형은 자신의 유배객 신세를 가사 <북천가(北遷歌)>에서 상세히 읊었다.

장마철 유배길

여기서부터는 김진형의 유배가사인 〈북천가(北遷歌)〉를 쉽게 풀어 쓴 것이다.

7월 12일에 김진형은 명천 귀양길에 올랐다. 자신은 올바른 신하노릇을 하려고 했지만, 소인의 참소를 입고 말았다. 하도 서글퍼서 술을 마셔댔다. 북쪽 명천 지역을 바라보았다. 서울에서 천릿길 하고도 또 다시 천릿길, 이제 가면 언제 오나, 앞길이 캄캄했다.

여름 더위는 붉게 달궈진 화로와 같았고, 장마는 사나워서 몹시도 끈적거렸다. 목에는 나무틀이 채워져 귀양길이 더욱 힘들었다.

익경원, 다락원을 거쳐 축성령을 넘었다. 밥 먹으면 길을 가고 잠을 깨면 길을 떠났다. 물 건너고 재를 넘어 십리를 가고 백리를 갔다. 양주, 포천, 철원, 영평, 금화, 금성, 회양을 거쳐 철령을 향해 갔다.

남여(藍輿): 의자와 비슷하고 뚜껑이 없는 작은 가마. 승지나 참의 이상의 벼슬아치가 탔다.

철령을 넘노라니, 운무(雲霧)가 짙게 싸여 햇빛이 보이지 않았다. 그나마 남여(藍輿)를 타고 철령을 넘은 것이 행운이라면 행운이었다. 나무숲이 울창하여 엎어지는 둥 자빠지는 둥, 산허리도 오르지 못해서 황혼이 되어버렸다.

기장떡: 기장쌀로 만든 떡.

상상봉에 올라서니 어느새 7시가 지났다. 일행이 모두 기장떡을 사 먹었다. 허기져서 그런지 맛이 유난히 향기롭고 좋았다. 횃불로 길을 밝혀 내려가기 시작했는데, 자정이 되어서야 겨우 다 내려왔다.

탁막에서 잠을 청하고 다시 새벽에 떠나서 안변읍에 도착했다. 이제 강원도를 넘어 함경도에 들어섰으니, 말 그대로 '북도 적객', 즉 '함경도에 온 귀양살이 손님'이 되었다. 그러나 의외로 안변 사또가 푸짐한 음식을 대접했다.

인가가 많고 재물도 풍부한 원산을 거쳐, 덕원, 문천, 영흥을 지나 고원읍에 도착했다.

고원 수령인 오공신이 위로했다.

"먼 유배 길에 고생이 많소. 그래도 좋은 날이 올 것이니 그리 염려 마시오."

책방으로 맞이하여 음식을 충분히 마련해주고, 떠날 때는 말과 사령을 대주고, 행잣돈에 의복까지 챙겨주었다. 변변치 않은 고원읍의 형편으로 볼 때 미안한 마음이 들 따름이었다. 여기는 서울의 당파싸움이 미치지 않은 것 같았다.

초원 역을 거쳐 함흥 감영에 들어섰다. 만세교 다리며, 끝이 없는 동해 바다를 구경했다. 낙민루에 올라 술을 마시고 유배객의 심회도 읊었다.

> 무심한 뜬 구름은 고향으로 돌아가고
> 정감어린 피리소리는 나그네 설움을 더하는구나.

떠나온 서울은 800리요, 도착해야 할 곳, 명천까지는 109리가 남았다. 반절도 오지 못했다. 비는 주룩주룩 내렸다. 겨우 함관령으로 들어섰다. 고개가 어찌나 높은지. 나무들도 엄청나게 컸다.

홍원을 거쳐 평포에서 묵었다. 목숨은 실낱같았고, 근력은 거미발과 같았다. 그나마 천천히 길을 가면 살 것만 같았으나, 임금의 명령을 받았던지라 죽으나 사나 나아갈 수밖에 없었다. 온몸에 땀이 돋고 종기가 났다. 더위는 뼛속을 파고들었고, 자고 나면 설사가 줄줄 나왔다.

나장이 말했다.

"나으리 거동 보소. 기력이 약하디 약하고 몸 상태가 위태합니다. 하루만이라도 조리하여 북청에서 묵읍시다."

나장의 말이 기특했지만, 사람이 죽고 살기는 하늘에 달렸다. 유배객으로서 어찌 생사를 생각할 수 있단 말인가. 어찌 잠시나마 지체할 것인가. 북청에서 묵고 바로 떠났다. 마곡을 거쳐 마천령에 다다랐다.

마천령(摩天嶺): 함경남도 단천군 광천면과 함경북도 학성군 학남면 사이의 도계(道界)에 있는 고개.

마천령(摩天嶺)은 해발 고도 725m이며 경사가 심하고 지형이 험하다. 고갯길이 60리. 길은 공중에 걸려 있었다. 산이 높아 하늘과 맞닿는 것 같다는 데서 산의 이름이 유래한 것이 전혀 틀리지 않았다. 달래 덤불이 촘촘히 얽혀서 밤중처럼 어두웠다. 바위가 위태하여 머리 위로 떨어질 것만 같았다. 하늘인지 땅인지, 이승인지 저승인지 알 수 없었다.

마천령 넘은 후, 길주 사또의 대접

드디어 정상에 올랐다. 보이는 것이 온통 바다였다. 마천령을 넘은 후에 고향 생각은 다시 나지 않았다. 햇빛만 은근히 머리 위를 비추고 있었다. 원평을 거쳐 길주로 들어갔다.

성곽도 제법 컸고, 마을도 규모가 있었다. 비 냄새가 나는 바람 일어났다. 떠날 길이 아득했다. 수령이 나오고 책방이 나왔다. 푸짐한 음식에 기생도 나왔다.

"저는 유배객이라는 죄명을 가졌기에 상을 당한 상주나 다름이 없습니다. 상주가 어찌 이런 호사스런 대접을 받을 수 있단 말이오? 기녀들을 물리쳐 주시오."

수령이 말했다.

"하하하. 누가 영남 선비 아니랄까, 고집이 대단하오."

유배지 명천 도착

드디어 길주읍을 떠났다. 유배지 명천까지는 60리 길이었다. 고참 역에서 말을 잡아타고 드디어 명천을 들어섰다. 8월 6일, 귀양길에 오른 지 25일쯤 걸렸다.

성곽은 웅장했다. 여각(旅閣)에 들어앉아 본관사또에게 도착했음을 전했다. 곧장 귀양살이 동안에 지낼 처소인 맹동원의 집을 찾아갔는데, 그 집은 높은 대문에 넓은 사랑채를 지닌, 삼천석지기의 집이었다.

여각(旅閣): 연안 포구에서 상인들의 숙박, 화물의 보관, 위탁 판매, 운송 따위를 맡아보던 상업 시설.

본관사또가 불러내기에 동헌으로 나갔다. 본관사또는 삼현 기생들을 다 불러 대령시키고 성대한 잔치를 베풀어주었다.

"이번 김교리의 귀양살이는 죄 없이 당한 것이지요. 북관 수령들이다 아는 바요. 조금도 슬퍼 말고 함께 즐깁시다."

그러나 김진형은 귀양을 온 처지라서 거절할 수밖에 없었다. 물러나서 홀로 조용히 나날을 보냈다.

그러자 성내의 선비들이 소문을 듣고 몰려들었다. 무려 60명. 시골구석에 서울 글쟁이가 왔으니 얼마나 반가웠을까. 북관에 있는 수령 관장만 쳐다보다가 비록 귀양살이를 왔지만 그래도 문관이 왔다는 말을 듣고 기뻐하며 달려들었던 것이다.

남천을 바라보면 기러기 처량하고 북방을 굽어보니 오랑캐 지경이었다. 어쨌든 본관사또의 은덕으로 주인집의 정성으로 실같은 목숨을 부지했다. 그럭저럭 한달 정도가 지났다.

고향에서 온 소식

뜻밖에 고향 땅에서 명록이가 왔다. 집 소식을 가지고 온 것이었다. 너무 반가워서 미친놈처럼 굴었다. 세상을 끊고 살다가, '나도 고향이 있었구나!'라는 생각이 들었다.

뜯어보니 정성스런 서찰이 몇 장 들어 있었다. 친척들의 편지, 자식과 조카들의 편지, 그리고 무엇보다도 눈물 어린 아내의 편지가 담겨 있었다.

답장을 써서 명록이에게 주면서 눈물을 흘리면서 말했다.

"명록아, 만수천산 멀고먼데 네 돌아갈 길이 험하고 험하구나. 무사히 돌아가서 마님에게 나 살아 있다고 전해라. 죄가 가벼워서 곧 풀려날 것이니, 그리 염려하지 말라는 말도 꼭 전해라."

명천에 도착한지 9일이 지나, 추석이 다가왔다. 마을 사람들은 집집마다 성묘를 했다.

53세 유배객, 19세 군산월과 호사를 누리고

본관사또가 말했다.

"이곳 칠보산(七寶山)은 북관에서 명승지요. 금강산만큼이나 경치가 좋소. 유람 한번 해봄이 어떻소?"

칠보산(七寶山): 함경북도 명천군에 있는 산. 높이 659m.

김진형도 좋아했지만, 거절했다.

"경치 좋은 곳에서 노는 일이 편치 않소. 내 처지가 귀양객이 아니오? 미안하오만 가지 못하겠소."

본관이 거듭 권해서 마지못해 칠보산 유람을 받아들였다.

8월 25일. 60명 선비들이 앞서거니 뒤서거니 했고, 술동이를 실은 나귀가 따랐다. 칠천만 봉우리가 구름 속에 서 있었다. 박달령 넘어가서 금장동 들어가니 곳곳의 물소리가 백옥을 깨는 듯했다. 봉우리마다 아름다운 단풍은 비단 장막을 둘러놓은 듯했다. 남여를 타고 개심사에 들어갔다.

개심사(開心寺), '마음을 여는 사찰'이라는 뜻이다. '그래 마음을 열어 보자.' 이렇게 생각을 하고 사찰로 들어갔다. 밤 한 경 새운 후에 동트기 전에 일어나서 세수하고 문을 열었다. 그러나 뜻밖에 밖에는 기생들이 대기하고 있었다. '개심(開心)'이라 이번에는 다른 마음을 열어야 하나?

"본관사또 분부하시길, '김교리님 칠보산에 너희 없이 놀이가 되겠느냐? 김교리가 사양하더라도 내 도리에 그럴 수는 없다. 너희가 없으면 산신도 섭섭할 것이다. 부디부디 조심하고 칠보산으로 가라.' 하셨다오. 사또의 분부를 받고 소녀들이 대령하오."

우습고 부끄러웠지만, 한편으로 본관의 정성이 고마웠다. 갑자기 김진형은 풍정(風情)이 은근히 솟아올랐다. 마음이 확 열려버린 것이다.

'풍류남자는 남쪽 지방에 나뿐이다. 신선 풍류가 있는 곳에 와서 너희들을 어찌 그냥 보내리오? 너희들이 70리를 왔는데, 어찌 나의 방탕한 성질을 감추리요?'

"방으로 들라."

한 아이는 매향, 방년이 열여덟 살.

또 한 아이는 군산월, 열아홉 살.

김진형은 군산월을 보는 순간 활짝 핀 한 송이 꽃이 눈앞에 다가오고 있음을 느꼈다. 아침 식사를 마치고 노래를 부르게 했다. 매향이 부른 평우조(平羽調) 노래에 비구름이 흩어졌고, 군산월의 해금소리에 만학청봉(萬壑靑峰)이 푸르고 푸른빛을 토해냈다.

평우조(平羽調): 한국 전통 가곡(歌曲)의 전신(前身)인 삭대엽(數大葉)의 하나. 평조(平調)의 삭대엽으로, 평우조라는 이름은 조명(調名) 겸 곡명(曲名)이다.

길잡이를 앞세우고 두 기생은 옆에서 함께 걸으며 개심대(開心臺)에 도착했다. 개심사라고 이름을 지은 것도 개심대가 있어서구나. 단풍은 비단을 펼쳐 놓은 듯 했고, 소나무 가지 사이를 지나는 바람소리는 거묻고 곡조나 다름이 없었다. 최고봉 노적봉, 만사암과 천불암, 그리고 탁자봉, 주작봉은 그림처럼 둘러 있었다.

군산월, 매향 두 기생이 아양곡(峨洋曲) 한 곡조를 부르니, 만산이 더 높아지고 단풍이 더 붉어졌다. 군산월이 양금을 치는데, 양금소리가 마치 소나무 사이로 부는 바람소리인 듯했고, 졸졸졸 흐르는 물소리처럼 들렸다. 양금 위에 뛰노는 군사월의 손길은 곱고도 고왔으며, 보드랍고도 보드라웠다.

남여를 타고 한 마루 더 올라가니 아까 보던 산모양이 홀연 모습을 바꾸었다. 모난 봉우리가 둥그렇게 되었고, 하얀 바위가 푸르게 변했다. 산을 안고 들어가면서, 방선암, 금강굴을 거치고 연적봉을 구경했다.

회상대(會象臺)를 향하다가 보니, 두 기생이 간 데가 없었다. 어디에 있는지 찾아 헤매는데, 어디서 가곡 소리가 하늘로 울려 퍼졌다. 놀라서 바라보니 녹의홍상 아름다운 기생이 단풍 한 가지를 꺾어 쥐고 노래를 부르고 있었다. 어느새 두 기생은 회상대 위에 올라갔던 것이다. 만장암 구름 위에서 사람을 놀라게 하니 기절할 뻔했다. 김진형은 마치 신선의 지경에 온 듯했다. 이 선녀를 따라 연적봉을 지난 후에 연화봉, 배바위, 채석봉, 생황봉 등을 바라보았다. 신선들이 사는 굴혈들이 바로 이런 곳인 듯싶었다.

매향은 술을 들고 만장운(萬丈雲)에 퍼져 나가도록 노래 한 곡조를 불렀다. 군월산은 오동 목판 거문고에 금실로 줄을 매고 대쪽으로 가락을 탔는데, 그 거동이 곱기도 고우려니와, 섬섬옥수(纖纖玉手)가 닿는

만장운(萬丈雲): 높이가 만 길이나 되는 곳에 있는 구름. 높은 산에 펼쳐 있는 구름.

섬섬옥수(纖纖玉手): 가냘프고 고운 여자의 손을 이르는 말.

끝자락에 오색이 영롱하게 빛났다.

김진형은 순간 자신이 유배객이란 것을 다 잊어버렸다. 군산월의 거동을 보노라니, 임금의 명령이 아무리 엄해도 반하지 않을 수가 없었다. 2천 리 궁벽진 곳에서의 귀양살이를 앞으로 잘 견뎌낼 수 있었을 것만 같았다.

8월 28일 하산했다. 회상대에서 놀던 일이 꿈인지 생시인지, 임금의 은혜인지 하늘의 은혜인지 말로 표현하기 어려웠다. 군산월의 녹의홍상이 마치 꿈과 같았다.

그러나 마음 한 구석이 편하지 않았다. 아무리 즐거워도 귀양살이를 하고 있는 처지가 아니던가? 수노(首奴)를 불러 조용히 말했다.

수노(首奴): 관아에 딸린 관노의 우두머리. 관노 중에서 나이가 가장 많아 사정에 밝은 사람이 맡았다.

"내가 이번에 행한 칠보산 유람 때 개심대에 기생을 데리고 간 것은 본디 내 뜻이 아니었다. 본관사또가 그리 해주어서 마지못해 응한 것이다. 물론 매우 즐겁고 호화스러웠다. 그러나 이 말이 밖으로 새어나가서는 안 된다. 그리고 앞으로는 기생을 대동하지 않겠으니 그리 알라."

뜻하지 않은 해배 소식

한편 서울 조정에서는 이런 일이 벌어지고 있었다. 김진형이 이조판서 서기순이 제 마음에 드는 인물만 천거한다고 비판했다가 귀양을 떠난 후, 그 직책을 손영로(孫永老)가 맡았는데 그 또한 상소를 올려 전이조판서 서기순을 비판했다. 김진형의 상소로 서기순은 이미 이조판서 자리를 물러나 있었다. 그러자 철종 임금은 다음과 같이 말했다. 『철종실록』 1853년(철종4년) 7월 21일자 기록이다.

> "지난번 김진형(金鎭衡)의 상소도 뜻밖이었는데 이제 네가 또 이와 같으니, 김진형은 앞잡이가 되고 너는 그 뒤를 따르는 자가 되었는가? 지극히 망령스러우니 너도 귀양을 보내겠다."

그리하여 이틀 후 손영로는 상원군(祥原郡)으로 귀양 가게 되었다. 그럭저럭 조정이 조용해지고, 귀양간지 20일이 흘러 8월 12일이 되자 손영로는 풀려났다.

얼마 되지 않아 조정에서는 회의를 열어 9월 8일 김진형도 풀어주기로 결정했다. 김진형의 비판을 받고 판서에서 물러난 서기순이 힘썼다는 말이 있다. 이튿날 김진형은 귀양살이 2개월 만에 풀려나게 되었다.

9월 9일 그날, 정작 주인공이었던 김진형은 무엇을 하고 있었나? 명천의 유배객, 김진형은 자신이 풀린 사실도 모르고 80리 떨어진 경성(鏡城) 경치를 구경하러 떠났다. 깊숙이 들어가니 한가하고 외로웠다. 끝이 없는 가을 강을 따라가는데 걸음걸음도 비틀거렸다.

어느새 낙엽이 창공에 흩날리고 있었다. 그럭저럭 구경을 마치고 명천으로 되돌아섰다. 며칠 동안 경성을 구경했지만 별로 흥이 일지 않았다. 더구나 이번에는 기생들을 대동하지 못하게 했지 않았던가? 귀문관, 삼척을 거쳐 돌아오고 있었다.

전주에 추천대(楸川臺)가 있다. '추천'은 전주천이 삼천천과 만나 여울을 형성하는 곳인데, '가리내', '가르내'라고도 한다. 서기순은 전라도관찰사 시절에 가리내 여울에 보를 막았는데, 그곳 백성들이 그의 공로를 기려 '영세불망비(永世不忘碑)'를 세웠다. 서기순의 인간 됨됨이를 헤아려볼 수 있다.

서기순영세불망비

추천대(楸川臺)

경성(鏡城): 함경북도 경성군에 있는 읍. 남쪽으로 경성 만에 임하여 수륙 교통이 발달했다. 군청 소재지이다.

통인(通引): 수령(守令)의 잔심부름을 하던 구실아치. 이서(吏胥)나 공천(公賤) 출신이었다.

9월 21일. 명천읍을 10리 남겨 두고 있었는데, 소식을 전하는 통인(通引)을 만났다. 천만 뜻밖에 귀양이 풀렸다는 기쁜 소식이었다. 김진형은 눈물이 앞을 가렸다. 해배(解配) 문서를 손에 쥐고 임금이 계신 남쪽을 향해 네 번 절을 올렸다. 동행하던 사람들이 모두 기뻐했다.

아침 식전에 말을 타고 본관사또를 찾아가니 즐겁게 맞이했다.

"경사가 났소이다. 경사가!"

이제 죄명이 없어졌으니 평인(平人)이 되었다. 그렇게 멀게 느껴졌던, 아니 생각조차 끊겼던 삼천리 고향 땅이 지척으로 다가섰다.

군산월이 나타났다. 아름다운 모습으로 웃으면서 말했다.

"치하하옵니다! 나으리. 귀양이 풀리셨다니 진실로 감축하옵니다."

김진형은 칠보산에서 군산월과 맺은 인연을 봄날의 한바탕 꿈으로 느꼈다. 서로 맺은 인연이 감칠맛 나고 향기로웠다.

삼현육각(三絃六角): 삼현과 육각의 갖가지 악기. 피리가 둘, 대금, 해금, 장구, 북이 각각 하나씩 편성되는 풍류.

본관사또는 삼현육각(三絃六角)을 거느리고 축하 잔치를 베풀어주었다.

"김교리, 나도 이리 즐거운데 임자야 오죽 기쁘겠소?"

그 자리에 군산월도 있었다. 그녀는 새사람이 되어 있었다. 온갖 고통 중에 있던 난초가 씻겨 옥분에 옮겨 있는 것 같았다. 꽃다운 어린 자질이 임자를 만난 것이라고나 할까.

금병화촉 깊은 밤. 달 밝은 날 글을 지으며 화답하고, 술을 마셨다. 정분도 깊었거니와 그런 호사도 없었다.

군산월이 받은 상경(上京) 선물

드디어 10월 6일. 말을 타고 고향으로 떠나는 날. 본관사또가 특별히 대접했다. 김진형이 행장을 수습하고 떠나려 하니, 본관사또가 말했다.

"군산월은 어이하고 가시려 하오?"

무슨 말인가 의아해 할 때, 본관사또가 말했다.

"군산월을 남겨 두고 가면 오매불망 잊지 못해 어이할꼬? 둘 사이에 약속이 없었소? 귀양이 풀리면 데려가기로 하지 않았소?"

본관사또는 김진형에게 군산월을 딸려 보내려고 작정한 것이었다. 그는 군산월에게 남자 옷을 지어 입히고 200량 노잣돈을 쥐어 주면서 말했다.

"김학사를 뫼시고 잘 가거라. 서울에 머물 때에 네게야 내외할까. 천리 강산에 김학사의 꽃이 되어 비위를 맞추면서 조심조심 잘 가거라."

군산월은 사랑하는 사람을 따라 가게 되어서 기쁘기도 했지만 부모 동생과 이별해야 해서 슬프기도 했다.

군산월이 부모의 손을 부여잡고 말했다.

"여자는 부모를 떠나 멀리 가는 것이 팔자요. 출가외인이니 내 생각 말고 오래오래 잘 계시고 별 탈 없이 지내세요. 타향으로 몸을 떠나 천리 만 리 머나먼 길을 다시 와서 만나볼 날이 있겠지요."

"오냐 오냐 그리해라. 오냐 잘 가거라. 네 성품 내가 안다. 남편에게 절개를 지키며 잘할 것이다. 부디 행복하여라."

군산월은 남자 옷차림으로 갈아입었다. 김진형이 다그쳤다.

"어서 오라. 급히 가자."

김진형은 예와는 달리 오던 길 넓고 넓어 흥이 절로 났다. 군산월까지 얻어가는 것이 아닌가? 아름다울 뿐만 아니라 노래도 잘하는 명기가 아니런가!

길주읍에 들어섰다. 본관사또가 널따란 방에 기악을 준비하여 대접했다. 질펀한 잔치 자리가 즐거웠지만, 무엇보다도 군산월이 곁에 있어서인지 술기운이 평소보다 빨리 올랐다.

북병사(北兵使): 함경도의 '북도 병마절도사'를 줄여 이르는 말. 병마사라고도 한다.

다음날 아침에 길을 떠나 임명을 거쳐 성진을 들어갔다. 북병사(北兵使)가 마주 나와 두 군관과 합석했다. 하나는 삭읍 관가 군관이고, 다른 하나는 길주 관청의 젊은 군관(軍官)이었다. 잔치자리는 병마사의 호사스러움을 잘 말해주었다.

군관(軍官): 각 군영과 지방 관아의 군무에 종사하던 낮은 벼슬아치.

갑자기 북병사가 남장차림의 군산월을 가리키며 물었다.

"김학사가 데리고 있는 사람, 얼굴이 기이하오. 서울 것이요, 아니면 북도 것이요? 청직이요 아니면 방자요? 이름은 무엇이며 나이는 지금 몇이요? 손 보고 눈매 보니 남중일색(男中一色) 처음 보오."

김진형은 웃으면서 대답했다.

"북도 아이를 데려다가 밤중에 옮긴 후에 장가 들여 살게 하겠소."

군산월이 풍악 중에 앉았다. 취한 병마사가 소리를 크게 질러 군산월을 불렀다.

"김교리 청지기야! 내 곁으로 와라."

군산월이 감히 명을 거역할 수 없어서 공손히 나아왔다.

"손 내어라, 다시 보자. 어찌 그리 기이한고?"

병마사가 군산월의 옥수를 덥썩 쥐려 할 때, 군산월이 빼치고 일어섰다. 계집의 소견이 참으로 좁고 매몰찼다. 남자처럼 행세하면서 손을 달라면 손을 주며 천연덕스럽게 하면, 그럭저럭 넘어갈 것을.

병마사가 가뜩이나 수상하게 여겨 군산월을 올려다보고 내려다보면서, 군관인가, 기생인가 뜯어보던 참이었다. 매몰차게 빼치는 양, 제 버릇 개 주겠는가. 드디어 병마사가 눈치채고 말했다.

"몰랐노라, 몰랐노라. 김학사가 여자이신 줄 내 정녕 몰랐노라."

모든 사람들이 크게 웃었다. 뭇 기생들이 군산월에게 달려들었다. 아까 섰던 남자 몸이 이제 계집들과 통정(通情)을 할 것만 같았다. 또 다시 큰 웃음소리로 가득 찼다.

"하하하."

"아이고 배꼽이야."

"호호호."

꽃밭에 섞여 앉아 노래를 주고받았다. 청강(淸江)의 옥동(玉童)이요, 화원의 범나비였다. 군산월이 꽃 중의 꽃이었다.

새벽닭이 울자 일출 구경하느라고 망양정에 올랐다. 금촛대에 불을 밝히고 옥 술잔에 술을 부어 마시고 취한 후에 동해를 바라보았다. 해가 오르면서, 바다는 온통 붉은 비단을 펼쳐 놓았다.

대풍악(大風樂) 잡아 쥐고 태산을 굽어보았다. 김진형은 혼잣말을 했다.

"하루살이 같은 이 내 몸, 임금의 은혜가 끝이 없구나. 귀양살이를 겪지 않았으면 어찌 군산월을 얻을 수 있었으리요? 참, 인생은 알 수

대풍악: 향피리, 대금 따위의 대나무로 만든 관악기가 중심이 된 연주 형태. 또는 그런 음악.

없는 거야."

새옹지마(塞翁之馬): 인생의 길흉화복은 변화가 많아서 예측하기가 어렵다는 말.

새옹지마(塞翁之馬)라고 했던가. 귀양살이 하러 올 때는 그리도 서글프고 암담했건만, 군산월을 만났으니, 그저 좋았다.

병마사를 이별하고 마천령을 넘었다. 지난 7월에 올 때에 마천령은 하늘인지 땅인지, 이승인지 저승인지, 도무지 분간할 수가 없었는데……. 하지만 지금은 달랐다, 전혀 달랐다. 남여 타고 올라가는 길 마치 구름 위로 둥실둥실 떠가는 것만 같았다. 더욱이 군산월이 앞에 가면 눈앞에 꽃이 어른거렸고, 군산월이 뒤에서 따라올 때는 선동(仙童)이 따라오는 것 같았다.

단천, 북청, 홍원을 거쳐 영흥읍에서 묵었다. 본관사또가 마중 나와 후히 대접해주었다. 기악도 대단했다. 즐거운 시간을 보냈다.

김교리의 배신

새벽에 발행하여, 고원, 문천, 원산을 거쳐 안변에 도착했다. 10월 28일. 주막집 깊은 밤을 지내고 첫닭 울 때 세수하고 군산월을 깨웠다. 몽롱한 해당화가 이슬이 내린 듯 아름다웠다.

"옛 일을 말할 테니 네 잠깐 들어봐라. 이전에 제주목사 장대장이 임기를 마친 후에 정들었던 수청기생을 버리고 나왔다. 바다를 건넌 후에 차마 잊지 못하여서 배를 돌려 다시 가서 그 기생을 불러내어 비수(匕首) 빼어 벤 후에 돌아와 대장 되고 만고 명인되었다."

한참 말을 끊었다. 의아하게 쳐다보는 군산월의 시선을 느끼면서, 이어 말했다.

"나는 본래 문관이라 무관과 다르다. 내가 너를 비수로 베어야 하다니. 그렇다고 실제로 너를 비수로 벨 수는 없지. 너를 도로 보내는 게 이것이 비수로다. 나는 본래 영남 선비, 2천 리 길 기생 싣고 천고에 없는 호강 한번 해보았다. 기생을 끼고 서울로 가면 부끄러울뿐더러 모양새도 좋지 않다. 혹시나 무슨 나쁜 일이 생길 수도 있다. 부디부디 잘 가거라. 다시 볼 날 있으리라."

군산월은 깜짝 놀랐다. 청천 하늘에 날벼락이 이것을 두고 한 말이었다. 눈물이 저도 모르게 쏟아졌다.

"이게 무슨 말씀이오? 버릴 심사 계셨으면 칠보산 유람 때에 아예 멀리 할 것이지요. 아니, 그 후에라도 중간에 그칠 일이지요. 어쩌자고 어린 내 마음을 호리면서 무단히 약속을 했단 말입니까? 이제는 사방을 돌아보아도 아는 사람 없는 외로운 곳에서 게 발 물어 던지듯이 이리 하나이까? 나으리 사랑이 흡족했지만, 나으리 무정하여 나는 그만 풍전낙화(風前洛花)가 되고 말았소이다."

원망이 가득 담긴 말이었다. 김진형이 말했다.

"오냐. 나의 뜻은 그렇지 아니했다. 십 리만 가서 그만 두려고 했는데, 또 십리만 가서 그만 두려고 했는데, 그러다가 어느새 천 리나 왔구나. 그래도 명년 삼월 꽃 피거든 내 한번 갈 것이니 부디 잘 있거라."

군산월은 이별하는 마음으로 웃음 반 울음 반으로 말했다.

"가련하오, 이내 신세, 처량하다, 내 신세야. 이 천리 머나먼 길 어찌 다시 온단 말이오? 다시 보자고 당부하면, 나으리께 악담이요. 영영 이별하자 하니, 제 신세가 그만이라. 귀양을 다시 당하지 않으면 명천길을 어이 오실까?"

새벽빛은 은은하고 가을 강물은 맑디 맑은데, 군산월의 눈물이 떨어지니 김진형의 두발이 희게 될 것만 같았다. 김진형은 군산월을 승교에 태워 돌려보냈다.

"잘 가거라."

"잘 가시오."

그리고 김진형은 '천하에 나쁜 놈이 바로 나로구나.'라고 생각하면서 말을 타고 돌아섰다. 순간 눈앞에 군산월이 어른거렸다. 남자의 간장인들 쇠로 만든 간장이겠는가. 2천리 길고 긴 풍류를 하루아침에 보냈으니, 풍류도 잠깐이었다. 흥진비래(興盡悲來)인 듯싶었다.

군산월은 김진형의 풍채를 다시 담아보고자 뒤를 돌아보았다. 순간 눈물이 앞을 가려 볼 수가 없었다.

안변 원님의 위로, 기생 봉선이

안변 원님이 이 사실을 알고 말했다.

"어찌 그리 무정하오? 판관 사또가 무섭소. 남의 눈이 무섭소? 장부의 헛된 간장 상하기 쉬우니, 내 기생 봉선이를 줄 테요. 봉선이를 남자 옷으로 갈아입혀 앞세우고 철령까지 동행하시지요. 군산월과의 회포를 잊으시오."

변방의 지방사또들은 귀양 온 신하들에게 대접을 하곤 했다. 심지어 기녀를 주어 수청을 들게 하기도 했다. 김진형도 예외는 아니었다.

또한 귀양에서 풀려 돌아가는 자들에게 기녀를 딸려 보내면서 가는 동안 위로해주는 것도 당시 풍속이었다. 다만 남의 이목을 조심하여 동행하는 기생에게 남자복장 차림을 하게 했다.

군산월도 그랬고, 봉선이도 그랬다.

안변 원님이 봉선이를 불러들여 따라가라 분부했다. 봉선이의 자색이 빼어났지만, 이미 군산월의 고운 모양이 마음 판에 새겨져 있어서 군산월을 잊을 수가 없었다. 북쪽 하늘을 다시 보니 춘풍에 나는 꽃이 진흙에 구는 듯, 가을 하늘에 외기러기 짝 없이 가는 듯, 군산월의 뒷모습이 보였다.

철령을 넘을 적에 봉선이와 이별했다.

"애꿎은 이 내 몸이 잘하는 것이란 이별뿐이네. 잘 가거라. 다시 만날 날이 있을 것이다."

서울 입성, 그리고 안동으로 귀향

남여를 타고 고개를 넘으니 북도 산천 끝이 났다. 서러움도 지나가고 인정도 끝이 나고 풍류도 끝이 났다. 남은 것이란 돌아가는 길의 흥이었다. 회양에서 점심을 먹고, 금화, 금성, 영평, 철원을 거쳐 포천읍에서 묵었다.

귀양갈 적에는 흰옷을 입었더니 올 적에 푸른 옷을 입었다. 어제는 유배객이더니 오늘은 학사였다. 가던 길은 침울하더니 오는 길은 노래를 부르고 흥이 넘쳤다.

삼각산에 두 번 절을 올리고 다락원을 거쳐 동대문으로 들어섰다. 행장을 다시 차려 고향으로 내려갔다. 새재를 넘어서서 영남에 들어섰다. 오천에서 밤을 새우고 집에 들어섰다.

다들 별 탈이 없었다. 어린 것들이 반가웠고, 애쓰던 늙은 아내는 부끄러워했다.

이게 웬 일인가, 군산월이 눈앞에 보이는 것이 아닌가? 자세히 보니, 군산월이 아니라 수득 어미였다. 고향에 돌아와 보니 얼마나 군산월을 사랑했는지 알 수 있었다. 박잔에 술을 부어 마시고 취한 후에 삼천리 남북풍장 일장춘몽 깨었구나.

박잔(-盞): 조그만 박을 반으로 갈라 옻칠을 하고 금 고리를 단 잔. 혼례식에서 신랑과 신부가 술을 주고받을 때에 쓴다.

김진영은 그동안 일을 회고했다.

'그릇 되었다고 한을 하지 않으련다. 남자로서 천고사업 다하고 왔지 않은가. 강호에 편히 누워 태평스럽게 놀 수 있다면 무슨 한이 또 있을까? 더 구할 일이 없으리라.'

이렇게 생각하고 자신이 유배객이 되어 귀양 갔다가 돌아오기까지의 내용을 기록하여 가사로 만들었다. 제목은 '북천가'라고 붙였다.

북천가(北遷歌): 조선 철종 때 김진형이 쓴 장편 기행 가사. 함경도 명천으로 귀양 갔다가 서울로 돌아올 때까지의 생활을 읊은 것으로, 모두 1,040여 구로 되어 있다.

<북천가>의 마지막 구절이 이랬다.

부녀들 보신 후에 후세에 남자 되어

남자들 부러워 말고 이 내 노릇 하게 되면
그 아니 상쾌한가

군산월 애원가

헤어진 후로 군산월과 김진형이 만났는지는 모른다. 다만 김진형의 고향이었던 안동 땅에 <군산월 애원가>라는 가사가 널리 불렸다.

군산월이 나중에 그 노래를 지어 보낸 것일까? 아니면 안동 지방의 기생들이 김진형이 지은 <북천가>를 읽고 읊조리면서 <군산월 애원가>를 지어낸 것일까? 어떤 쪽인지 잘 모른다.

그 가사의 마지막 대목을 보면, 다음과 같다.

외로운 이내 몸이 어디로 가잔 말고
백설은 분분하고 낙엽은 만산한데
남북이 분간 없고 산도 설고 물도 선데
갈 곳이 아득하여 오던 길 생각하니
범연히 지내왔다.
이럴 줄 알았다면 익히나 보올 것을
이 지경이 뜻밖이라
고향에 돌아간들 부모 동생 어이 보며
원근 친척 어이 볼꼬

만산(滿山): 온 산에 가득함.

설다: 익숙하지 못하다.

범연히: 차근차근한 맛이 없이 데면데면하게.

자위(自慰): 자기 마음을 스스로 위로함.

일부종사(一夫從事): 한 남편만을 섬김.

이내 신세 자위하고 근근이 돌아가서
절행을 지키고서 일부종사하리라

<군산월 애원가>는 군산월이 지었을 수도 있고, 김진형에게 버림받은 군산월의 심정을 헤아려 다른 기녀가 지었을 수도 있다. 버림받은 군산월, 버림받은 기녀들의 서글픈 심정이 절절하게 배어난다.

또 다시 과거 급제, 그리고 또 한번의 귀양길

안동 고향에서 머물던 김진형은 서울로 향하는 마음이 다시 피어올랐다. 그로부터 3년 뒤인 1856년 56세 때 문과중시에 급제했다. 사헌부 장령, 장악원정을 거쳐, 1857년에 당상관에 올랐다. 그 이후 동부승지, 좌부승지, 초산 도호보사 등을 지냈다.

조대비(趙大妃 1808~1890): 헌종 임금의 어머니. 홍선대원군의 아들을 양자로 들여 왕위에 옹립했는데 그 왕이 고종이다.

그러다가 고종1년(1864년) 김진형은 상소문을 올려 당시의 폐단을 지적했는데 조대비(趙大妃)의 비위를 거스르게 하는 대목이 있었다. 그를 사형에 처하자는 의견까지 나왔다. 1월 27일에 전라도 고금도(古今島)로 귀양살이 보내기로 결정이 났다.

2월 5일 고금도로 떠났다. 김진형은 귀양살이를 하다가 세상을 떴다. 군산월 마음을 아프게 한 것을 후회스럽게 여겼는지도 모른다.

이듬해 고종2년 10월 15일 왕은 하명했다.

"김진형이 귀양지에서 죽었다고 하니 죄명을 삭제하라."

[부록]
기녀, 부와 재물

기녀 스캔들 메이커

화려하고 풍족한 생활을 동경하여

세련된 옷차림과 아름다운 치장은 타인의 시선을 끌기에 앞서 자기 만족감을 주기도 한다. 그래서 그런지 예나 지금이나 화려하고 풍족한 삶을 동경하는 사람들이 있기 마련이다.

고려 시대나 조선 시대에 그런 삶의 모습을 잘 보여준 이들이 기녀였다.

위 사진들은 1900년대 것으로 기녀와 서민 여성의 모습을 잘 보여준다. 기녀는 옷부터 신발에 이르기까지 어느 것 하나 흠잡을 데가 없는 차림새로, 가르마 사이로 기름기가 번지르르하게 느껴진다. 뒤에 놓인 책상이며, 그 위의 시계며, 모든 것이 당시 명품(名品)인 듯하다. 오른쪽

일반 서민 여성은 가슴을 내놓은 모습인데, 젖이 풍부하여 아이를 잘 기를 수 있음을 보여주는 것 외에는 딱히 자랑할 만한 것이 없다.

그래서인지 여성들 중에는 기녀의 화려한 삶을 동경한 이들이 더러 있었다. 특히 노래나 춤과 같은 예술에 타고난 재능이 있는 여성들이라면, 더 그랬다. 상대 남성이 마음에 드는데다 돈도 많다면 그야말로 일석이조(一石二鳥)였다.

함경도 북청의 풍속

조선 후기에 함경도 북청의 민가에서는 딸 셋을 나면, 하나는 농가에 시집보내고, 하나는 무당으로 팔고, 하나는 교방(教坊)으로 보냈다고 한다. 오죽이나 궁핍했으면 그랬을까?

신광수의 『석북집(石北集)』에 <증기(贈妓)>라는 시를 보자.

열여섯 살 양가집 여자, 十六良家女
올해 교방에 들어갔네. 今年入教坊

열여섯 살 먹은 평민의 딸이 교방에 들어갔단다. 교방에 들어갔다는 말은 기녀가 되었다는 말이다.

기녀가 되면 부모도 다소간 경제적으로 형편이 나아지고, 딸도 화려한 생활을 누릴 수 있었고 지체 높은 집안의 첩실로 들어가 일생을 호화스럽게 살 수 있었다.

바야흐로 조선 초기 성종 임금 시대

당시 관리들은 마음에 드는 기녀들에게 어떻게 했을까?

조선 초기 성종 임금 시대에 벌어진 일이다. 『성종실록』에 실려 있다.

배를 타는 군인들이 배를 타지 않기 위하여 해당 관리인 만호(萬戶)에게 뇌물을 썼다. 관리는 수백 필의 면포를 받았고 그 면포의 일부를 사랑하는 기녀에게 주었음은 물론이다.

만호(萬戶): 여러 진에 배치한 종4품의 무관 벼슬.

또한 수군절도사, 점마별감과 같은 벼슬아치들이 지방을 순찰할 때 기녀를 데리고 가곤 했는데, 각 고을 원님들은 잔치를 베풀어 준 후에 상급자의 기녀들에게 연폐(宴幣)로 면포를 주곤 했다.

연폐(宴幣): 기녀에게 주는 물품이나 돈. 행하(行下)라고도 한다. 행하할 돈이나 물품을 적는 것을 행하기(行下記)라고 한다.

절도사나 별감에게 잘 보이기 위한 것이고, 또 그렇게 하는 것이 향응의 한 방식이었다. 그런데 그 면포가 적게는 3, 4필에서 많게는 10여 필이나 되었다.

이러한 일이 조선 시대 내내 끊이지 않았다. 특히 탐관오리는 수단과 방법을 가리지 않고 백성들로부터 갈취한 물품이나 돈을 자신이 아끼는 기녀에게 주곤 했다.

<일동장유가>에 비친 기녀의 모습

재물을 추구하는 기녀들의 모습은 <일동장유가(日東壯遊歌)>에 잘 나타나 있다. 이 작품은 1763년 통신사절단의 일행으로 김인겸(1707~1772)이 일본을 다녀온 과정을 상세히 기록한 장편 기행가사다.

기녀를 동원하여 향응하는 대목이 사뭇 흥미롭다.

> 상관, 중관, 하관과 7개 고을 원님들이 모였다. 100여 명 기생들, 삼현(三絃) 잡이 서너 패 등이 넓은 청(廳)에 가득히 앉았도다. 대구 기생 옥진 자매가 황창무를 제일 잘한다. 세 사신들이 내려준 돈과 여러 고을의 수령들이 준 돈이 굉장히 많기도 하다. 무려 500냥이나 된다.

인근 고을 원님들 7명이 나와서 사신 일행에게 접대했다. 그때 기생들이 받은 돈은, 사신들 세 명이 준 돈과 일곱 고을 원님들이 준 돈을 합하여 무려 500냥에 달했다.

비장(裨將): 감사(監司), 유수(留守), 병사(兵使), 수사(水使) 등을 보필하던 무관(武官).

위 내용에 이어서 기녀와 비장 사이에 벌어진 사건이 나오는데, 이 또한 주목할 만하다. 서방이 있는 기녀 운월이 홍비장을 미혹하여 갖은 아양을 떨면서 돈을 뜯어낸 사실이 기록되어 있다.

<배비장전>에서

기녀가 비장에게 교태를 부려 재물을 빨아들인 것을 잘 그려낸 조선 후기 소설로 <배비장전>이 있다.

비장의 성이 배씨여서 배비장이다. 그는 제주목사로 부임하는 김경을 따라 제주도에 도착한다. 그때 마침, 전임 제주목사를 보필하던 정비장이 제주도를 떠나면서 기녀 애랑과 이별하고 있었다.

정비장이 애랑의 손을 잡고 말하기를,

"잘 있거라, 나는 간다. 서울 태생 소년으로 제주 물색 좋단 말에 마음이 쏠려 이곳에 와 아리따운 연분을 너와 맺고 세월을 보낼 적에 맵시 있는 너의 태도, 목청 맑은 네 노래에 고향 생각 잊었건만 애닮구나 이별이야! 푸른 강 맑은 물에 원앙새가 짝을 잃은 격이로구나. 사람 없는 높은 산 깊은 골에서 둘이 만나 희롱하다 이별하는 것이로구나. 이별이야, 이별이야, 애닯구나 이별이야! 애랑아, 부디 잘 있거라!"

다음은 애랑의 거동이다.

없는 슬픔을 짜내어 고운 얼굴에 웃는 듯 찡그리는 듯 길게 한숨 지며 하는 말이,

"여보 들어 보시오. 나으리가 이곳에 계시는 동안은 먹고 입고 살기에 걱정 없이 세월을 보냈습니다. 그런데 이제 누구에게 의지하라고 하루아침에 떠나

가십니까?"

"너는 염려 마라. 내 올라가더라도 한동안 먹고 쓰기에 넉넉할 만큼 볏섬을 풀어 주고 갈 테니."

그리고는 정비장은 창고지기에게 분부하여 볏섬을 풀어 애랑에게 주도록 했다.

볏섬이라면 쌀이다. 쌀 외에도 애랑이 정비장에게 받은 재물들은 헤아릴 수 없을 만큼 많았다. 애랑은 눈물을 이리저리 씻으면서 하소연하여 정비장의 마음을 녹여내곤, 양피로 만든 갓두루마기, 돼지 껍질로 만든 귀마개, 칼, 남자들이 입는 상하복, 고의적삼 등을 얻어낸다. 정비장은 그만 알몸뚱이 '알비장'이 되고 만다.

기녀의 화려한 치장과 사치스러운 복색

어무적(魚無迹): 조선 중기의 시인. 아버지 어효량은 사대부였으나 어머니가 관비(官婢)여서 법에 따라 관노(官奴)가 되었다. 과거에 응시하지 못하고 불우하게 살았다. 서얼에게 주어지는 작은 직책인 율려습독관(律呂習讀官)이라는 말직에 나간 적이 있다.

기녀의 치장과 복색은 화려하고 사치스러웠다. 기녀의 사치로 사회적, 경제적 폐단이 적지 않았다. 이에 연산군 시절에 어무적(魚無迹)이 상소를 올렸다.

다음은 『연산군일기』 7년 7월의 기록이다.

지금 기녀는 어떤 사람이기에 아름다운 비단 옷을 입으며 금옥, 구슬, 비취로 치장하는지요? 기녀 한 사람의 옷 장식이 평민 열 사람의 의복보다 더 비쌉니다.

주(州)와 군(郡)의 기녀가 무려 수천 명이나 됩니다. 옷감을 장만하기 위해 그들이 밭을 가는 것도 아니요, 베틀을 짜는 것도 아니요, 또한 하늘이 주거나 귀신이 옷감을 보낸 것도 아닙니다.

오직 사대부에 붙어 관의 위세를 빌어서 백성의 고혈을 빨아먹는 것입니다.

기녀의 옷 장식이 평민보다 10배가 더 나간다니. 기녀들의 사치품은 오늘날로 치면 명품이다. 더구나 그 비용이 백성들의 고통 속에서 나온 것이라니, 심히 가슴이 아프다.

어무적은 계속해서 말했다.

일반 여성들은 경쟁하듯 기녀의 요염한 자태를 부러워합니다. 대신의 첩들도 기녀를 본받습니다. 심지어 서민의 아내들도 그렇게 합니다.

이들은 더 아름답게 보이려고 하고, 서로 시기하면서 사랑을 차지하려고 합니다. 이를 위해 기녀를 스승으로 삼기도 합니다.

심지어 대신들의 첩과 서민의 아낙네들이 기녀를 스승으로 삼고 그 요염한 자태를 본받는다니. 어찌 보면 그리 새삼스러울 것도 없다. 예나 지금이나 외적 아름다움과 요염함에 지나칠 정도로 관심을 쏟는 이들은 있는 법.

어무적이 상소를 올린 때가 연산군 7년. 아직은 연산군이 패악한 짓을 일삼기 전이었다. 그런데도 기녀의 복장이 그리도 사치스러웠다.

어무적이 상소하기 전, 세종 시절에 이미 기녀의 사치 폐단에 대해 경계의 말들이 쏟아져 나왔다. 당시에 물가가 오르고 사치 풍조가 널리 퍼져 민간의 생활이 어려워졌다. 이에 기녀의 사치품을 규제하자는 건의가 올라왔다. 기녀의 장신구에 금은을 쓰지 못하게 하고, 복장에 사라와 능단 같은 비단 옷감을 쓰지 못하게 하자는 것이었다. 당시에 쓰인 금은이나 비단은 주로 중국 등지에서 들여온 귀한 명품이었다.

그러나 이 주장은 받아들여지지 않았다. 실제로 기녀의 사치 풍조는 조선 시대 전 기간 동안 잠재워지지 않았다.

노래하며 춤을 추는 기녀라면, 치장과 복장을 화려하게 하는 것이 일상일 텐데, 누가 이를 강제로 막을 수 있었겠는가. 심지어 국가의 행사나 왕과 고급 관료 앞에서 흥취를 돋우는 경기(京妓)의 경우, 복식과 차림새에 드는 물품과 비용을 나라에서 대주기도 했다는데.

경기(京妓): 서울의 기생을 이르던 말. 지방 관아의 기생을 관기(官妓)라고 한다.

원칙적으로 그러한 차림새에 드는 비용은 기녀 스스로 감당해야 했다. 그래서 청결하지 못한 의복을 입고 궁중 연회에 나갔다가 눈에 거슬려 지적받은 기녀도 있었다.

어쨌든 아름답고 화려한 치장은 기녀가 피하기 어려운 일이었다. 자기만족은 물론이고 왕을 비롯하여 여러 양반 관료들의 눈에 띌 수 있었을 테니까.

한편 경기의 옷 색깔은 관례로 정해지기도 했다. 태종 때 의정부의 연향(宴享)에서는 검은빛 의복을 입게 했으며, 예종 때에는 기녀와 악공의 복장은 예전처럼 홍색을 쓰도록 했다. 이를 위반했을 때에 조정에서는 책임자를 처벌하기도 했다. 영조 때에는 지방의 기녀들의 경우,

연향(宴享): 국빈을 대접하는 잔치.

밑머리를 땋아 머리 위에 얹고 그 위에 가리마를 덮어 등위를 구별하도록 했다.

부와 재물을 탐낸 기녀들

◆ 종이를 탐냈다가 이용당한 기생

『용재총화』에 실려 있는 내용이다.

어떤 기생이 초상을 당하여 종이를 구할 수가 없었다. 그 당시에만 해도 종이 값이 비쌌다. 이에 윤통은 거짓으로 종이가 있다고 소문을 냈다. 기생은 종이를 얻으려고 윤통에게 다가왔다. 윤통은 기생과 육체적인 관계를 맺은 후에 크게 소리쳤다.

"상중(喪中)에 있는 기녀가 들어왔다."

그 기녀는 후다닥 도망쳤다. 종이는 손에 들려 있지 않았다.

이 이야기는 돈 들이지 않고 기녀와 육체적인 관계를 맺은 윤통의 지혜에 초점을 맞추고 있다. 그렇지만 기녀의 입장에서 보면, 종이가 너무 필요했고, 그 종이를 얻기 위해서 기꺼이 수청을 들 수밖에 없었다.

용재총화(慵齋叢話): 조선 전기의 용재 성현(成俔)의 수필집. 풍속・지리・역사・문물・제도・음악・문학・인물・설화 따위가 수록되어 있으며, 문장이 아름다워 조선 시대의 수필 문학의 우수작으로 꼽힌다.

◆ 말비의 경우

『용재총화』에 실려 있는 내용이다.

성현이 중국 사신으로 연경에 들어갈 때 수행원 중에 박생이 있었다. 박생은 중국으로 가는 도중 숙식을 하는 고을의 기생들과 정분을 나누었다. 국경 지역인 의주에 다다라서 박생은 아름다운 말비를 보고 구애했다. 박생의 외모가 못생겨서 말비는 그 요청을 거절했다. 하지만 박생은 방법이 있었다. 값비싼 옥호로(玉葫蘆)로 유혹하여 말비와 동침했다.

그 후로 말비는 더 많은 재물을 얻어내기 위해 애교를 부렸다. 박생을 자기 집으로 데려가 조밥과 아욱국을 먹이는가 하면, 따뜻한 물로 친히 얼굴을 씻겨 주고 머리를 빗겨 주었다. 박생이 중국 연경에 들렀다가 돌아올 쯤에는 미리 두툼한 옷을 보내주었다.

드디어 박생이 중국에서 돌아와 의주에 도착했다. 예상했던 대로 말비는 귀한 중국 물품을 후히 얻어낼 수 있었다. 박생이 말비의 미모를 좋아했지만, 말비는 그렇지 않았다. 그녀는 단지 박생이 지닌 재물을 탐냈을 뿐이다.

◆ 15세기 선상기 모란

촌담해이: 강희맹이 음담패설과 설화를 모아 엮은 책.

『촌담해이』에 실려 있는 내용이다.

평양 기생 모란은 재색이 빼어나서 서울로 뽑혀왔다. 그즈음 시골에서 지인(知印) 이생이 서울로 부임했다. 그는 처가의 재산으로 호화스러운 생활을 누렸다.

지인(知印): 수령(守令)의 잔심부름을 하던 구실아치.

모란은 재화가 탐이 나서 그를 유혹하여 정분을 맺었다. 이생은 모든 재화를 모란의 집에 옮겨 놓았다. 그런데 어느 날 모란은 보물과 비단을 가지고 야반도주했다.

이생은 홧김에 자살하고자 했다. 이때 이웃 노파가 위로하면서 말했다.

“기생이라는 것들이 다 그렇다오. 온갖 아양을 떨지만, 실제로는 재물만을 밝히는 것들이라오.”

이생은 너무 분해서 옷과 버선을 벗은 줄도 모른 채, 교방 근처에 숨어 모란을 기다렸다. 마침 모란이 지나가자, 외쳤다.

“이 더러운 것. 내 재화를 내놓으라.”

모란은 동행하던 기생들에게 크게 소리쳤다.

“호호호, 참으로 어리석구나. 기생에게 준 물건을 돌려달라니.”

이생은 부끄러운 나머지 얼른 사람들 속으로 피했다.

그는 걸인이 다 되다시피 하여 고향으로 내려갔다. 그러나 장모는 크게 화를 내며 그를 내쫓아버렸다.

◆ 고부 기생

『어면순』에 실려 있는 내용이다.

어면순(禦眠楯): 송세림이 음담, 소화를 모아 엮은 책.

신고령(申高靈)이 고부군수로 부임해서 기생을 사랑했다. 4년 임기를 마치고 고부를 떠났다. 후에 그 기생이 음탕하다는 소문이 들려왔다. 사연인즉 이렇다.

한생이란 자가 공포(貢布) 꾸러미를 고부 고을에 맡기고 기생집에 투숙했다. 기생은 한생의 물건이 탐나서 애교를 부리면서 말했다.

공포(貢布): 외거(外居) 공노비가 신역(身役) 대신의 노비공으로 매년 국가에 바치던 베.

“나는 그대만을 사랑할 거예요, 목숨을 걸고 맹세해요.”

한생이 이에 홀딱 빠져 재물을 탕진하기에 이르렀다. 물정도 모르고 이렇게 말했다.

"난, 너만을 사랑해. 내 전 재산이 아깝지 않았어. 다 주지 않았느냐? 난 빈털터리가 되고 말았구나. 그렇지만 내 마음은 네 생각으로만 가득 차 있다."

한참 뜸을 들이더니, 다시 물어보았다.

"그동안 나 말고 누구누구를 좋아했느냐? 기녀였으니까 많은 남자들을 만났을 텐데, 누구를 가장 사랑했느냐? 순서대로 말해보라."

그 기녀는 지체 없이 대답했다.

"1등은 장성 향리 이청, 2등은 광주 갑사 임만손, 3등은 고부군수 신고령, 4등은 교생(校生) 박명춘, 5등은 영남 행객 오필. 그리고 그대는 꼴등. 호호호."

교생(校生): 향교에 다니던 학생. 원래 상민(常民)으로, 향교에서 오래 공부하면 유생(儒生)의 대우를 받았으며, 우수한 자는 생원 초시와 생원 복시에 응할 자격을 얻었다.

한생은 낙심한 채 거지꼴로 고향으로 돌아갔다.

아마도 한생은 고부 기생으로부터 자신을 가장 사랑했다는 말을 듣고자 했는지도 모른다. 그러나 착각이었다. 만약에 한생에게 재물이 남아 있었다면 고부 기생은 결코 속마음을 털어놓지 않았을 것이다.

◆ 평양 기생 민애

『청구야담』에 실려 있는 내용이다.

판서 정민시가 평양감사로 부임했다. 조카 상우를 주서로 데리고 갔는데, 상우가 민애에게 빠져 잠시도 떨어지지 않았다. 평양성 밖에 사는 이좌수는 민애가 자신과 하룻밤 동침하면 천 냥을 주겠노라고 소문을 내었다. 그는 큰 부자였다.

좌수(座首): 지방의 자치 기구인 향청(鄕廳)의 우두머리. 수령권을 견제하는 기능을 담당했다가 향원(鄕員) 인사권과 행정 실무의 일부를 맡아보았다.

민애가 그 소문을 듣자 재물이 탐이 나서 외할머니의 제사라고 거짓

말을 하고 빠져나왔다. 그리고는 이좌수와 하룻밤을 즐겼다. 통인 하나가 이 사실을 상우에게 알려주었다. 상우는 화가 복받쳐 삼촌인 평양 감사에게 애원하면서 간청했다.

"삼촌, 이 두 사람을 족치세요."

포졸들이 민애의 집으로 들이 닥쳤다. 민애는 얼른 문 뒤에 서서 이좌수를 치마폭에 감췄다. 포졸들이 다른 곳을 수색하는 동안에 이좌수를 옆집으로 피신시켜 겨우 위기를 모면했다.

민애는 이좌수와의 관계를 상우에게 일러바친 자가 누구였는지를 알게 되었다. 민애는 그에게 죄를 뒤집어씌웠다.

"그가 저를 흠모한 나머지 제가 이좌수하고 관계를 맺었다고 모함했어요."

훗날 민애는 이좌수로부터 많은 돈을 받고, 그 돈으로 큰 집을 샀다. 그리고 이좌수와 즐겁게 살았다.

민애는 외할머니 제사라고 속이고 빠져나오는가 하면, 다른 남자와 관계를 맺은 일이 알려졌을 때는 그 사실을 알린 통인에게 죄를 뒤집어씌웠다. 그만큼 민애의 재물 욕심이 강했다.

<춘향전>에서

광한루: 춘향과 이도령이 만난 배경

◆ 월매의 소망: 춘향이를 기녀로 둘 수 없어

이 시점에서 <춘향전>을 찾아가보자. 춘향이는 어느 정도 부자였을까? 엄밀히 따지면 월매는 부자였다. 즉 춘향은 부자 어머니를 두었던 것이다.

월매와 춘향이 거처했던 집의 규모를 보자. 대문을 들어서서 다시 중문을 들어서야 한다. 그리고 후원이 있고 별당과 초당이 있다. 그 옆

으로는 연못이 있다. 연못에는 금붕어가 뛰논다. 정원에는 돌을 모아 만든 조그마한 석가산(石假山)이 있다.

석가산(石假山): 정원 따위에 돌을 모아 쌓아서 조그마하게 만든 산. 가산(假山).

웬만한 부자가 아니고서는 이렇게 집안을 가꾸기가 힘들다. 조선 후기에 집안에 큰 산을 본떠서 조그맣게 산을 만들어 놓는 것이 유행이었다. 물론 고급 관리나 부자들에게 해당하는 것이었다.

심경호 교수의 말에 따르면, 조선 후기 18세기 후반부터 19세기 초엽까지 영조, 정조, 순조 시절은 조선 후기 문화가 무르익던 시기였다고 한다. 그 시기에 양반가에서는 집안에 동산을 꾸미고 화초를 기르는 풍속이 유행했다고 한다. 이러한 풍조는 중국 당나라에서 신라로 조선 후기에 원기(園記)가 문학 양식으로 부상했다. 채재공, 남공철, 이용휴, 이가환, 정약용 등이 원기(園記) 혹은 화원기(花園記)를 남겼다.

들어와, 고려 중엽에는 귀족들 사이에 특히 그런 풍조가 만연했다고 한다. 조선 후기에도 그런 풍속이 문화 현상으로 자리를 잡고 있었는데, 특별한 것은 그런 현상에 대해 기술하여 '원기(園記)'라는 문학 양식으로 글을 남기기도 했다는 것이다.

그런 풍조가 춘향이네 집까지 파고들 정도였다. 춘향의 집은 상층 양반가와 같이 큰 규모는 아니었지만, 유행에 뒤지지 않게 집을 꾸민 것으로 설정되어 있다.

◆ 춘향이 방의 풍경

이제 춘향의 방을 들여다보자.

> 방중을 둘러보며 벽상을 살펴보니 여간 기물 놓았는데 용장, 봉장, 각께수리 이렁저렁 벌였는데 무슨 그림 장(張)도 붙여 있고 그림을 그려 붙였으되 서방 없는 춘향이요 학(學)하는 계집아이가 세간 기물이 왜 있을 꼬마는 춘향 어미가 유명한 명기가 그 딸을 주려고 장만한 것이었다.
>
> 조선의 유명한 명필 글씨 붙여 있고 그 사이에 붙인 명화 다 후리쳐 던져두고 월선도란 그림 붙였으되(<완판84장본>)

춘향의 방은 호화스럽기가 그지없다. 어디 그뿐인가? 춘향은 천한 기녀인데도 향단을 몸종으로 거느렸을 정도다. 물론 어미 월매의 재산 덕택에 그렇게 할 수 있었다.

월매는 어떻게 그리 많은 재산을 모을 수 있었을까? 앞에서 부와 재물을 추구하는 기녀들을 살펴보았듯이 월매 역시 마음만 먹으면 쉽게 재물을 얻을 수 있었다. 더욱이 월매는 미모와 재주가 뛰어난 명기라고 하지 않은가? 명기였기에 여러 사내들로부터 재물을 끌어 모으기는 그만큼 쉬웠으리라.

◆ 돈을 들여 춘향을 기생점고에서 빼돌리는데

월매는 재물을 축적하며 부를 누리며 이럭저럭 잘 살아보았지만, 기녀 신분에 얽매여 있는 한, 그다지 행복하다고 할 수는 없었다. 그녀는 기녀 신분만큼은 딸에게 대물림하고 싶지 않았다. 그동안 모아 두었던 많은 재물을 허비하더라도 춘향이 기생 신분을 벗어날 수만 있으면 전혀 아깝지 않았다.

하지만 기녀 신분을 벗어나게 하는 것은 그리 쉽지 않았다. 월매는 아쉬운 대로 춘향이 기생점고에 빠질 수 있게 해주었다. 그런데 신임 사또 변학도가 기생점고에서 빠진 춘향을 데려오라고 명령을 했다. 사령(使令)들이 명령을 받고 춘향 집으로 가니, 춘향은 평소에 하던 대로 돈을 살그머니 쥐어주면서 잘 봐달라고 한다. 그 장면을 보자.

사령(使令): 각 관아에서 심부름하던 사람.

이때에 재촉하는 사령이 나오면서,

"오너라!"

외치는 소리에 춘향이 깜짝 놀래어 문틈으로 내다보니, 사령, 군노 나와 있구나.

"아차차, 잊었네 오늘이 그 삼일점고(三日點考)라 하더니, 무슨 야단이 났나

삼일점고(三日點考): 수령(守令)이 부임한 뒤 사흘 되는 날에 관속을 점고하던 일.

보다."

밀창문 여닫으며,

"허허, 번수(番首)님네 이리 오소 이리 오소. …… 들어가세 들어가세."

김번수며 이번수며 여러 번수들 손을 잡고 제 방에 앉힌 후에 향단이 불러,

"주반상 들여라."

취하도록 먹인 후에 궤문을 열고 돈 닷 냥을 내어놓으며,

"여러 번수님네 가시다가 술이나 잡수고 가옵소서. 뒷말 없게 하여주소."

번수(番首): 번을 드는 사령.

춘향을 기억에서 빼달라고 하면서 뒷말이 없게 해달라고 돈을 썼던 것이다. 아마도 신임 사또가 올 때마다 그랬을 것이다. 변학도가 왔을 때도 그런 것이다. 이런 대목은 <완판84장본>을 비롯하여 대부분의 이본(異本)에서 발견된다.

춘향전의 이본인 <여중화(女中花)>(삼문사, 1935)를 보자.

<여중화(女中花)>(삼문사, 1935): 이단문고 고전총서 2, 현실문화, 2007.

왼쪽은 책의 표지인데 이도령이 춘향을 안고 춤을 추는 모습을 담았다. 오른쪽은 번수가 손가락으로 신임 사또인 변학도가 있는 동헌 쪽을 가리키며 춘향과 이야기하는 삽화다. 그 곁에서 월매가 쳐다보고 있다.

춘향과 월매는 번수에게 술과 안주를 한껏 먹이고 돌려보낸다. 충향이 올 것으로 고대하고 있던 변학도는 번수에게 화를 내고 다시 춘향을 불러들이라는 명령을 내린다. 이에 번수들이 변학도의 명령을 받고 춘향에게 다시 와서 변학도가 찾는다는 명령을 전한다. 그러자 월매는 발끈 성을 내고 번수들도 맞선다. 서로 주고받는 말싸움이 흥미롭다.

> 월매: 이 자식들, 그럼 돈 넉 냥 도로 내라. 술 도로 뱉어라. 안주도 도로 게워라.
>
> 번수: 주었던 것 달라는 년 개딸이요, 받았던 것 내 놓는 놈도 개아들이다.

주고받는 말이 웃음을 자아내지만, 여기에서도 돈을 주어가며 춘향을 기억에서 빠지게 했다는 것을 알 수 있다.

한편 <신학균본>을 보면, 춘향의 모습을 좀 더 흥미롭게 그려낸다. 춘향이는 평소에 사령들이 말을 붙이면 들은 체도 않았으며, 심지어 사령들의 옷자락이 자신의 옷에 살짝 스치기만 해도 더럽다고 여기고 그 치마를 대야에 집어넣고 빨아버리는 것으로 나온다.

오만불손! 그러니 사령들이 평소에 춘향을 아니꼽게 보지 않을 수가 없었다. 아니나 다를까, 춘향을 잡아오라는 변사또의 명령이 내리자마자, 사령들은 춘향에게 분풀이 할 양으로 냅다 춘향을 잡으러 간다.

하지만 춘향이 아양을 떨며 돈을 쥐어주자 금방 돌변하여 언제 춘향을 잡으러 왔느냐는 듯한 태도를 보인다. 역시 돈 앞에는 장사가 없는 모양이다. 어쨌든 돈을 쥐어주면서 춘향은 기역(妓役)에서 빠질 수 있었다.

기역은 기녀가 해야 하는 일이다. 기역에서 빠진다는 것과 기녀 신분에서 벗어난다는 것을 구별할 필요가 있다. 기녀 신분에서 벗어나게 되면 천민 신분에서 벗어나 양민 신분이 된다는 말이다. 당연히 기역을 담당할 이유도 없고 그럴 필요도 없다. 기역에서 빠진다는 것은, 기녀가 해야 할, 국가나 관아의 행사나 수청에서 빠지는 것을 뜻한다. 기역에서 빠진다 할지라도 기녀의 천한 신분은 변하지 않는다.

◆ 대비속신

노비가 천한 신분에서 벗어나려면 대비속신을 해야 한다. 대비속신이란 한 노비가 다른 노비들을 자신의 자리에 대신 넣고 노비의 신분에서 벗어나는 것을 말한다. 대비속신을 통하여 노비 신분을 벗어나려면 한두 명 정도의 다른 노비가 필요했으며, 또는 그해 당하는 돈이 필요했다. 부자 노비라야 속신하여 양민이 될 수 있었던 것이다.

기생도 노비의 신분이기에 대비속신을 통해 기녀 신분을 벗어난 것으로 설정되는 이본들이 있다. <남원고사>, <경판35장>, <신학균본>, <이고본> 등이 그런 이본들이다. 이들 이본에는 월매가 부자였기에 춘향이 대비속신을 하여 기녀 신분을 벗어난 것으로 설정되어 있다.

그런데 기녀를 속신하는 것은 법으로 허용하지 않는 위법 사안이었다. 다른 관비와는 달리 기녀만큼은 속신을 법적으로 허용하지 않은 것은, 재색이 있는 기녀가 빠져나가는 것을 막기 위해서였다. 원래 기녀는 국가 또는 지방 관아의 소유인데, 그런 기녀가 개인 소유로 넘어가는 것을 막기 위해서 속신을 금했던 것이다. 그럼에도 기녀의 천한 신분을 벗어나려는 시도들이 끊이지 않았다. 기녀 자신은 말할 것도 없고, 기녀를 사랑하는 남자들이 그랬을 것은 인지상정이 아니겠는가?

그 자리에 춘향이가 서 있다. 월매는 자신의 딸 춘향이만큼은 기녀 신분에서 벗어나기를 원했으며, 춘향이 또한 그런 생각이 간절했다. 법적으로는 기녀의 속신이 허용되지 않았지만, 조선후기 사회에서 그런 법망을 피해 돈을 들여서라도 기녀의 신분을 벗어나고자 시도한 이들이 적지 않았다.

그러나 속신이 위법 사안인 만큼, 관리들 중에는 대비속신으로 기녀 신분을 벗어난 여성을 다시 잡아들이는 이들도 있었다. 오히려 그렇게 하는 것이 법을 제대로 세우는 관리의 당연한 임무라고도 볼 수 있다. 울산 기녀 자란이 두 명의 종으로 대비속신을 하여 울산을 떠나 사랑하는 사람 곁으로 갔다가, 신임 부사 정광운(鄭廣運)이 자란을 불러들인 것은 그 점을 잘 말해준다.

춘향의 신분은 종모법(從母法)에 따라 천민 기녀일 수밖에 없었다. 비록 속신을 했다 한들, 속신이 기녀에게는 적용될 수 없었으니, 다시 잡아들여 기녀로 들어앉히면 되었다. 이것이 변학도의 법적 논리였다. 법

종모법(從母法): 양인인 아버지와 천인인 어머니 사이에 태어난 자식이 어머니의 신분을 따르던 법.

으로 보면, 이치야 맞다.

하지만 변학도가 춘향을 기녀로 다시 끌어들인 것은 지방의 수령으로서 법을 수호하기 위해서가 아니었다. 자신의 향락과 욕망을 채우기 위해서였다. 이렇게 <춘향전>을 새롭게 읽을 수 있다.

변학도는 남원목사로 부임 명령을 받고 전라도 땅에 들어서자마자, 남원의 목민관으로서 선한 정치를 베풀려는 의지를 보이기는커녕 남원에 있는 춘향을 한시 바삐 만나보기를 고대했다. 그런 변학도가 남원 고을에 도착하여 바로 삼일점고를 행했는데 점고 중에서 가장 기대되는 것은 기생들의 명부인 기적(妓籍)을 대조하며 춘향을 찾는 일이었을 게다. 법망을 이용하여 자신의 욕망을 채우고자 한 변학도! 변학도는 춘향이 행한 대비속신의 위법성을 들이대며 춘향을 기녀로 들어앉혀 자신의 성적 노리개로 삼고자 했던 것이다.

하지만 춘향은 현실적으로는 기녀가 분명한데도 기녀가 아니라는 생각을 가지고 있었다. 이런 춘향의 캐릭터를 파악해보는 것도 <춘향전>을 제대로 음미하는 길이 될 수 있다.

기녀 스캔들 메이커

초판 1쇄 인쇄 • 2014년 8월 1일
초판 1쇄 발행 • 2014년 8월 5일

저 자 • 조광국
발행인 • 박성복
발행처 • 도서출판 월인
서울특별시 강북구 노해로25길 61(수유2동 252-9)
등 록 • 제6-0364호
등록일 • 1998년 5월 4일
전 화 • (02) 912-5000
팩 스 • (02) 900-5036
www.worin.net

ISBN 978-89-8477-569-5 93810

값 13,000원